《搬・家》

香港英語詩集　中文翻譯版

附上論文探討新派香港英語詩作

Dear Tommy

I hope you enjoy reading the book!

[illegible] Tommy

12/7/08

《搬・家》
香港英語詩集　中文翻譯版
附上論文探討新派香港英語詩作

編、譯　葉明德　等
香港文韻出版社　二零零八年五月　香港出版
國際書號：ISBN-13: 978-988-99668-5-0

英文原著《Moving House and other Poems from Hong Kong》
白潔蓮（Gillian Bickley）著
香港文韻出版社　二零零五年十二月　香港出版
國際書號：**ISBN-10: 962-855705-X ISBN-13: 978-962-85570-5-9**

《搬・家》一書源起於變患時代的所見所聞、所思所感。書中的詩作，把古今事件和想法串連起來，有在城市裡發生的，也有在鄉郊發生的。

這些詩作起源於香港、英國及其他數國的文化。來自不同背景、生活方式的讀者，均會找到詩作的親切之處，詩裡所描述的經歷亦比想像中簡單。

就如白潔蓮上一本詩集《立此存照》（*For the Record and other Poems of Hong Kong*）一樣，本詩集英語版隨書附送唱片，收錄了詩集中所有詩作的專業朗讀，全部由作者親自操刀。

有關新派香港英語詩作的論文，是香港浸會大學英文系教職員研討會的演講材料。論文首先講到作者參加於二零零四年舉辦的第三屆香港國際文學節，繼而談論香港文學作品，詳情可參閱《立此存照》一書。

本書是《搬・家》的中文翻譯版，翻譯過程中遇到的種種趣事、難題與感想，可參考「編者的話」。

《搬・家》

香港英語詩集　中文翻譯版

附上論文探討新派香港英語詩作

原著　白潔蓮

編、譯　葉明德　等

出版　香港文韻出版社

白潔蓮《搬・家》葉明德等編、譯

《搬・家》
香港英語詩集　中文翻譯版
附上論文探討新派香港英語詩作
編、譯　葉明德　等
香港文韻出版社　二零零八年五月　香港初版
國際書號：ISBN-13: 978-988-99668-5-0

英文原著《Moving House and other Poems from Hong Kong》
白潔蓮（Gillian Bickley）著
香港文韻出版社　二零零五年十二月　香港初版
國際書號：ISBN-10: 962-855705-X ISBN-13: 978-962-85570-5-9

香港及國際發行：香港中文大學出版社
地址：香港新界沙田香港中文大學
電郵：cup@cuhk.edu.hk；網址：http://www.cuhk.edu.hk/cupress
電話：(+852) 2609-6508；傳真：(+852) 2603-7355

英文原著英國及國際（香港以外）發行：
查詢及訂購請聯絡 Aberdeen and North East Scotland Family History Society
英國地址：The Family History Research Centre, 158-164 King Street, Aberdeen, AB24 5BD, Scotland, United Kingdom
電話：INT+[0]+1224-646323；傳真：INT+[0]+1224-63909
電郵：publications@anesfhs.org.uk；網址：http://www.anesfhs.org.uk

中文翻譯版英國及國際（香港以外）發行：
查詢及訂購請聯絡 Christine Penney
英國地址：28 West Street, Stratford-upon-Avon, Warwickshire CV37 6DN, United Kingdom
電郵：christine.penney@virgin.net

附加發行商：香港文韻出版社（Proverse Hong Kong）
香港地址：P.O. Box 259, Tung Chung Post Office, Tung Chung, Lantau Island, NT, Hong Kong, SAR, China
電郵：proverse@netvigator.com
網址：http://www.geocities.com/proversehk

中文翻譯版譯者還包括：
曹懿德（Joan Yee-Tak CHO）、龔凱怡（Queenie Hoi-Yi KUNG）、
李文潔（Aster Man-Kit LEE）、伍育行（Yuk-Hang NG）、彭美芳（Connie Mei-Fong PANG）

隨英文版附送的唱片，載有書中全部六十九首詩歌由作者朗讀的錄音，每段錄音長度印於書背，全唱片播放時間剛剛多於二十七分鐘。
ISRC HK-D94-05-00001 至 ISRC HK-D94-05-00069 ℗ & © Gillian Bickley 2005
唱片於香港浸會大學資訊科技服務中心錄音室錄製。

書頁由香港文韻出版社及葉明德共同設計；封面由周偉倫設計；封面照片由香港文韻出版社提供；香港浸會大學印務組印製。

Proverse Hong Kong

British Library Cataloguing in Publication Data

Bickley, Gillian
Moving House and other poems from Hong Kong: with an essay
on new Hong Kong English language poetry (Chinese translation with additional contents)
1.English poetry - 21st century - History and criticism
2.Hong Kong (China) - Poetry
I.Title
821.9'14

ISBN-9789889966850

《搬・家》

香港英語詩集　中文翻譯版

附上論文探討新派香港英語詩作

目錄

本詩集內容主要從英語原著翻譯而來，另加上補充資料和說明圖片。英文版隨書附送唱片乙張，內裡載有詩歌原文的錄音。讀者如能同時手執詩集的中英文版本，便可一面聆賞唱片，一面比較對照中英文內容。讀者也可利用詩集和唱片來練習英語聆聽和發音。

港島紅棉道的紅棉樹與高樓大廈互映成輝

鳴謝

感激內子白敬理（Verner Bickley），既直接亦間接地造就了詩集中的經歷和部份意念。我亦感激他把詩集通篇讀完，爲我提供了實用的編輯意見。

感謝鍾玲教授爲本詩集寫序。鍾教授是著名詩人，自二零零三年起更出任香港浸會大學文學院院長一職。衷心感謝英國斯特萊斯克萊德大學（University of Strathclyde）榮譽教授 I. F. 卡克（I. F. Clarke）和瑪格麗特・卡克（Margaret Clarke）爲本詩集寫評語。

感謝香港浸會大學英文系同事舉辦及參與教職員研討會系列，讓我有機會演講《五位詩人創出文學新天地》（*Five New Scorchers Blaze a Trail*）論文。

謹謝香港浸會大學英文系葉少嫻教授的協助，及英文系與資訊科技服務中心聯絡，讓我在錄音室裡錄音。致謝予吳俊豪、胡祖安及謝國禧。感激資訊科技服務中心的唐兆雄、曾致遠、蘇功傑，以及周經銓的幫助和意見。

感謝香港組織良好的詩人及愛詩之人，每月以 OutLoud 之名聚會，他們不單熱情款待我，對我的詩作感興趣，更爲我帶來鼓勵與靈感。

得到詩人嘉維蒂・珍岱兒（Kavita Jindal）和添姆・凱撒（Timothy Kaiser）的許可下，本詩集分別引用了珍岱兒的詩集《改日再來》（*raincheck renewed*），及凱撒的詩集《食通天》（*Food Court*）中的詩作，特此致謝。

感激葉明德利用寶貴時間，鍥而不捨帶領一組翻譯團隊，當中包括在學和剛畢業的大學生，爲詩作翻譯、編輯。

翻譯，就如攝影一樣，技巧與洞察力往往把差異結合起來，重組成爲新的意義。

編者的話

二零零六年夏天，大學畢業，旋即與現時任職的機構簽署合約，準備展開人生新一頁，踏入社會工作。距離正式上班還有一段日子，從大學老師口中得知，退了休（事實上是退而不休）的白潔蓮博士那時正在尋找譯者，把詩作翻成中文。閱過她的作品後，覺得很有意思，於是一口答應，並廣邀好友，參與翻譯工作，最後組成了現在的翻譯團隊。團隊當中有大學學生、大學研究員，也有社會工作者、傳媒工作者。雖不是全職的專業翻譯員，但個個熱愛寫作、喜歡以文字表達自己所思所想，故此才敢班門弄斧、拉拉湊湊完成艱巨的詩歌翻譯工作。譯作有何不足之處，尚待各位高人先進指點賜教。

原文作者白潔蓮博士在英國出生、接受教育，早在一九七零年代已第一次駐足香港，在香港大學任教，輾轉到紐西蘭工作幾年後，八十年代初再度回港，至今留港已有廿多年時間。事實上，白潔蓮博士居港的時間，比起本書的每一位譯者都要長，在香港的經歷也自然比較豐富。她曾在尼日尼亞、紐西蘭、香港教授英國文學，有着國際化背景，使她更能從多角度體驗香港，比較不同的文化、系統。

完成翻譯這本詩集，眾譯者都異口同聲表示，一方面能夠從外地人（也同時是本地人）的視角，觀察香港，重新審視社會的文化價值，另一方面可以進一步認識作者、了解她的內心世界，繼而反思自己的生命。

香港人生活節奏急速，工作要快，學習要快，享樂要快，「連食一頓飯也不用十分鐘……坐地鐵本來已經很快的了，還要跑扶手電梯、衝門……香港人不懂得生活的味道，繁忙的生活逼死品味的細胞，對情麻木⋯⋯」，譯者彭美芳如是說。可是，我們閱讀這本詩集的時候，卻又不難發現香港人富有人情味的一面，對於有需要的人，也會在百忙中伸出援手，就如《街景：遞上手套》一詩中的法國女人一樣，在地上拾到詩人的手套後，遠遠跟隨，物歸原主。在《語言課》一詩中，詩人、老婦、老人，三人言語不通，「雞同鴨講」，卻能憑藉關懷愛護、包容體諒，跨越語言文化隔閡，互相溝通傳意，好不溫馨。

事實上，除了港人的生活節奏急速外，香港的城市發展也特別快。收地、重建、拆卸、翻新，時有聽聞、隨處可見，正如近日政府為了解決港島中區交通擠塞問題，進行中環第三期填海計劃及中環灣仔繞道工程，本是配合城市發展需要的，但過程中不得不拆卸天星碼頭一帶範圍的建築物，包括有近半個世紀歷史的天星碼頭鐘樓、皇后碼頭，又不禁令人無奈嘆息。其中一位譯者伍育行，負責翻譯的一部份，有好幾篇的主題都環繞着城市怎樣發展、歷史傳統怎樣被犧牲。她笑言：「自己一向是老頑固，迷戀着過去，堅決反對醜陋的新事物，於是譯着寫着，不禁像老嫗般輕歎，逝去的年華已矣，暗自希望時間就停在某一個空間⋯⋯」。表明自己熱愛香港，喜歡香港文化、香港事物的她，翻譯了十數首詩歌後，感覺只有更強烈。對她而言，作者所書一切，都帶着很濃重的「香港味」，地道得很，「彷彿如果能看明白她的詩句，就是和這大都會建立了一種默契，教人會心微笑的默契」。有誰會想過，一個旅居香港的英國人，也會察覺到昔日的「馬灣」，受地產主義影響，竟然變成了今天的「柏麗灣」？不過，香港雖高度城市化，卻又暗藏玄機，在城市中不時有些小驚喜，這些作者注意到的地方，都反映在其中幾首詩作裡面。「細閱過作者的文字，便能感受到她的觀察入微，發現探索香港這個城市的新角度」，伍補充說。

詩集有不少詩歌是反映香港社會的，還有一些，卻是探討世界性的主題。譯員龔凱怡提起，一天有緣在報章閱到一篇文章，訪問香港翻譯界翹楚、前香港浸會大學文學院院長黎翠珍教授。黎教授在訪問中分享譯詩心得，指出譯者處理一般翻譯時多會按讀者群而選用較親切的用字；譯詩卻恰恰相反，譯者必須如原作者「上身」一樣，達致跟原作者心有靈犀，洞悉並突顯原作者最擅長、最希望表現之處（參考二零零六年六月二日成報教育版訪問）。龔負責的是詩集後部有關死亡的幾首詩，她說：「……廿多年來沒有近距離接觸死亡，即使近親過世，我不是年紀太小無法理解所謂何事，便是身在外地，無法見親友一面及處理喪葬事務。我所接觸的死亡，不過是事過境遷那絲絲幽淡的哀愁。各種錯綜複雜的幸與不幸，令我對死亡有難以言喻的隔閡感，所以翻譯時總感隔靴搔癢拿捏不準」，要廿多歲初出茅廬的她代入作者的心境翻譯，又談何容易。同樣遇上「上身」困難的還有譯員彭美芳：「《婚姻》那一首詩，作者說婚姻是生命的開始，同時也是死亡的開始……要從作者的背景和年紀來看事物，是最難捉摸的」，或許，就正如彭所言：「……翻譯一個人的作品，也許就是認識一個人的時候」。

謹此感謝好友曹懿德、龔凱怡、李文潔、伍育行、彭美芳一同合作，完成翻譯本書。

編者、譯者　葉明德
二零零七年二月　香港

搬家，也得帶走你的另一半、你的書、你關心的人的聯絡方法。

原著作者自序

我七歲便開始作詩。其時，家母是老師，也許她正在學校教詩歌。她曾在我臨睡前，解釋何謂詩歌，並說到節奏、韻律。回想那天，我在房內向窗外望，創作了一首關於月亮，只有短短三行的詩：「As I dance in the moonlight, in the moon's bright spotlight, I sing a beautiful song（我在月光中飛翔，月照下歌唱，唱一首動人的樂章）」，爲了押韻我還加了一句，說某個東西是如何如何的「long（長）」。我立刻跑到樓下，自豪地跟父母說：「我寫了一首詩呢！」

在學校唸書的日子，我慢慢對文學產生濃厚興趣。大學時期，更主修英國文學、副修法國文學。我特別喜歡一些英語詩人以及他們的生活態度，閱讀他們的作品，仿如與知音短聚於深邃無垠的虛無中。喬叟（Geoffrey Chaucer）的《坎特伯雷故事集》（*Canterbury Tales*）及他的長詩《特洛伊樂斯與葵西妲》（*Troilus and Criseyde*）；湯瑪仕・華德（Thomas Wyatt）及其對話式的率直腔調；約翰・唐尼（John Donne），約翰遜博士（Dr Johnson）就曾在作品中評論唐尼爲「粗暴地把相異之物結合在一起」（"violent yoking together of opposites"）；喬治・赫伯特（George Herbert）對宗教的虔誠；亨利・佛恩（Henry Vaughan）（或許是我母親的旁系祖先）對永恆的看法及與過世愛侶相依相伴的渴望；約翰森・斯威夫（Jonathan Swift）對當代既敏感、傷痛而遠大的卓見；約翰遜博士的博識以及對自我的批判；勞倫斯・斯特恩（Laurence Sterne）及其在《一個荒誕的故事》（*Tristram Shandy*）中充滿玩味的意識流；珍・奧斯汀（Jane Austen）經巧妙計算的禮儀及道德價值；白朗特姊妹（Brontë sisters）滲入強烈浪漫主義及錯綜複雜的故事；喬治・艾略特（George Eliot）及其極富盛名的《米德鎮的春天》（*Middlemarch*）；A. C. 史文朋（A. C.

Swinburne）及其豐富的音樂和節奏感；亨利・占士（Henry James）崇高的道德及睿智；保爾・魏爾萊（Paul Verlaine）及其沉重的鬱結、簡單的言語和引用的場景；第一次大戰時期的詩人及其對自由的深切訴求；G. M. 霍金（G. M. Hopkins）跳躍式的節奏、仔細的觀察和於工人階級間的文化放逐；T. F. 鮑爾斯（T. F. Powys）的《韋斯頓先生的美酒》（*Mr Weston's Good Wine*）；T. S. 艾略特（T. S. Eliot）有關對世界怠倦的流暢描述，及關於時間與人類推動的複雜表現方法；狄倫・托瑪斯（Dylan Thomas）的能量與怒火；維珍利亞・吳爾夫（Virginia Woolf）的「我看到了。」（"I have had my vision"）；E. M. 福斯特（E. M. Forster）其中的《印度之旅》（*A Passage to India*）和《看得見風景的房間》（*A Room with a View*）兩部巨著；亞瑟・寇斯勒（Arthur Koestler）的《正午的黑暗》（*Darkness at Noon*）及《創舉》（*The Act of Creation*）；夏洛・品特（Harold Pinter）及其善用字與字的空間表達比語言更多的訊息；喬治・奧威爾（George Orwell）及其對「像窗格一樣透亮的文章」（"prose like a window-pane"）的讚美。我亦有讀到很多曠世巨著的譯本：史特林堡（August Strindberg）、易卜生（Henrik Ibsen）、巴爾札克（Honoré de Balzac）、福婁拜（Gustave Flaubert）、莫泊桑（Guy de Maupassant）等名家的著作，還有卡謬（Albert Camus）的《瘟疫》（*The Plague*）、蘭佩杜薩（Giuseppe di Lampedusa）的《豹》、希臘悲劇、俄羅斯作家的小說和劇本，以及數之不盡的文學作品。

在英國布里斯托大學（Bristol University）唸過六年書，我成爲了大學的英國文學教師，先後在西非尼日利亞、香港、紐西蘭、再回到香港執教鞭，由助理講師開始，漸漸升遷，成爲講師、高級講師，最後成爲副教授。在大學教書期間，我閱讀更廣，慢慢開始欣賞美國作家如馬克・吐溫（Mark Twain）、羅伯・佛羅斯特（Robert Frost）、威廉・卡洛斯・威廉斯（William Carlos Williams）；非洲裔作家、旅居非洲的作家、或任何有關非洲的作品，包括喬伊斯・卡里（Joyce Cary）、多麗絲・萊辛（Doris Lessing）、齊努亞・阿契貝（Chinua Achebe）、阿摩斯・圖圖歐拉（Amos Tutuola）、渥雷・索因卡（Wole Soyinka）、艾倫・佩頓（Alan Paton）；澳洲作家帕特里克・懷特（Patrick White）；西印度作家 V. S. 奈波爾（V. S. Naipaul）；僑居海外的中國作家如譚恩美（Amy Tan）和湯亭亭（Maxine Hong Kingston），以及英國作家雷蒙・布力格斯（Raymond Briggs）（特別是《當風吹起時》（*When the Wind Blows*）一書）、菲利浦・拉金（Philip Larkin）、萊利・李（Laurie Lee）的作品，當然還有更多更多。

~~~

隨着香港文學圈逐漸形成，我開始出席相關活動，閱讀當代作品，包括住在香港的英語作家（本書最後的文章將討論當中部份作家）的著作。不少作家來香港、新加坡出席文學活動，透過這些講座並與作家見面，使我獲益良多。撰寫書評，也讓我更清楚了解最新的文學動態。

身爲老師，我對香港的教育史尤感興趣，幾年間花了不少時間，從政府、學院、私人紀錄檔案室、舊報紙、相片集中找資料進行研究，也在這個領域編輯並出版了書刊文章。作爲長期居民，這許多年來我透過皇家亞洲學會，參與大學、政府舉辦的座談會和會議了解香港歷史，香港大學亞洲研究中心、政府古物古蹟辦事處及康樂及文化事務署舉辦的活動尤爲重要。
~~~

文學與香港歷史帶來的樂趣，不時糅合日常生活體驗，成爲我寫作的養份。

這許多年來，我寫過不少詩，回應生活體驗、觸動、事件，或是看到某事某人而讓我感興趣的，或是詞語在腦中浮現起來都成了我詩歌的一部份。

有些寫下來，不時修改一番；有些打進電腦存檔；有些只是寫作靈感的記錄，等閒暇時再譜成詩歌。幾個寒暑更替，一大堆小紙條早已不經不覺塞滿抽屜，儘管基於某些原因，我不時把小紙條撕掉（甚或一些我視爲佳作的）或毀壞至無法復原的地步。一次，我甚至撤回一首將刊登於一澳洲文學期刊的詩歌。偶爾學生邀請我爲他們的文學雜誌獻稿，我總會送他們一兩首詩。後來，Chameleon Press在香港創立文學雜誌《點心》（*Dim Sum*）（於2005年改名爲《亞洲文學期刊》（*The Asian Literary Journal*）），我向編輯Nury Vittachi提供了幾首詩歌，2000年他刊登了《燕子》（*Swallows*），一首描述部份香港人對九七回歸的回應的詩歌。

我爲此深受鼓舞，遂向香港藝術發展局申請出版資助，在藝發局協助下成功於2003年出版了第一部詩集《立此存照》（*For the Record and Other Poems of Hong Kong*）。這其實需要極大勇氣，可幸我得到各界人士的支持與鼓勵。

2004 年學年完結，亦爲我在香港浸會大學執教的廿二個年頭正式劃上句號。我與丈夫有發展新事業的計劃，並早已搬到大嶼山愉景灣（香港較偏遠地區）開展新生活。是故數月來，我需要長途跋涉坐巴士（愉景灣內所有人均不可擁有私家車）上下班。巴士上不能讀書（這讓我很不自在），然而我仍有寫小紙條，記下從窗外看到的景物。巴士經過的都不是我熟悉的香港地區，窗外景緻實在新奇有趣。出版首部詩集花了我足三十年時間，湊合第二部詩集的材料卻僅在彈指之間（一部份是新經歷及在巴士上有「強制」餘暇的關係）。詩集綜合了新的觀察、觸動、體驗，以及一些很久以前抄錄下來，終於譜成詩歌並稍經修改的作品。

完成詩作後，我總會仔細閱讀，嘗試盡力從非英語讀者的角度重新審視（畢竟我還是活在主要由非英語為母語人士組成的群體中）。最後或許加解釋或改詞換字，以方便不諳英語的讀者。同時增添筆記指明引用資料。我很高興最近有評論指本詩集「易於親近」。

詩集內好幾首作品解釋了我寫該詩的原委。九十年代初，我在報章上看到一幀照片，村民搖着小船將天后像運離一直供奉的赤鱲角村，全因政府要收回該土地興建赤鱲角新機場。讀畢後大為感動，將該文章剪下存起，約十年後稍有閒暇，便譜了《忠誠的變遷》（*Change with Constancy*）一詩。

《杏仁花瓣》（*Almond Petals*）裡兩棵繁花正茂的大樹（一棵花漸開敗，一棵花開正盛）正好讓我在描述傷感中帶來希望。

寫詩是捕捉日常瑣事，教人理解、包容，並從中取得小智慧的良方。倘若有人對我的詩作有所共鳴，並感激有人代筆記下這些經歷，我也心滿意足了。倘若有人看過我的詩作後有所啓發，包括詩中我小心經營以便於閱讀的有關文學、歷史、個人觀察和經歷的想法，於我亦彌足珍貴。

如讀者有任何回應或願意交流詩作，將無任歡迎。

***

此簡介爲《Moving House and other Poems from Hong Kong》的中譯本《搬・家》而寫。我疑惑譯文讀者讀到詩中一些屬於他們的地方的描述將有什麼感覺？他們又將怎樣理解這些由外地人書寫，人和事卻取材於本地生活、本地文化的詩作？他們會包容錯誤嗎？會欣賞當中所花的心思嗎？會理解在外地生活，找個飽學又有閒暇願意跟新移民作文化導賞團的人有多難嗎？他們會發現詩中發出的疑問，與他們到外地、外國旅遊的經歷相近嗎？會理解教授英國文學、英語或英語翻譯文學的人，自然地，甚至有需要，保持作爲英國人的原有文化身份嗎？然而，旁觀者仍可爲他人感傷，巴士站、公園長椅上，又或是醫院外輪候的病人，我認爲不論在何地遇見何人，心底裡的觸動依舊。

香港大學英國文學系畢業生暨作家何麗明（Tammy Ho），在《亞洲書評》（*Asian Review of Books*）網上版寫到：「白潔蓮的詩作忠實描寫了香港邁進二千年後的景緻、人文、神話及精神。」作家暨香港大學教授林舜玲博士（Dr. Agnes Lam）形容上一部詩集《立此存照》爲：「同情、幽默、充滿驚喜地描繪了大部份香港人及他們的生活。」香港浸會大學教授朱益宜博士在《Hong Kong Journal of Modern Chinese History》則爲《立》下了這樣的註腳：「白潔蓮的著作有趣。她雖是僑民，但偶爾可見本地人的洞察力。」

以英語爲母語的我們現在可有福了，多種不同語言的著作翻譯成英語，我們有機會讀到來自世界不同地方的人的想法與感受，偶爾（比較上並不常見）還有些與我們有關。

或許鮮有住在香港的作家，將剛出版的英語著作翻譯成中文（當然也絕非僅有）。此次真能湊合也有賴友人協助。本翻譯出版就有賴我以前在浸會大學的同事，邀請幾位年青翻譯系畢業生和學生參與翻譯工作，並由其中一位非常能幹的年青人擔任編輯工作。幾位菁英的翻譯心得與感想收錄於「編者的話」。

相信讀者當中亦包括其他年青人。當我向香港學生提出書寫一些熟悉的人，如較年長的家庭成員或朋友，作爲簡短人物傳記寫作練習，大部份學生均非常意外。他們認爲人物傳記只能寫有關「重要」和著名人物的事。後來，他們都同意這練習很有價值。如果其他年青讀者也能認清每個人的生活也有記錄下來的價值這道理，他們或許會接受對別人深刻（縱短暫）的印象並沒有什麼適當不適當。

寫作可令世界變成更適合我們的居所。閱讀亦然。

白潔蓮

大圍車公廟的環香、轉運風車

白潔蓮《搬・家》葉明德等編、譯

序言

白潔蓮《搬・家》一書的能量流動

鍾玲

在香港浸會大學任職首年，方好是白潔蓮博士在大學執教鞭最後一年，能夠結識她是我的榮幸。她是出色的詩人，人亦優雅，與她交友是一大樂事。

她的詩作用字清麗，卻不難察覺字裡行間蘊藏的能量流動。如《我想說的話》一詩描述主人翁心中所思，他正走向病危父親的床前，讀者可感到背後的能量流動：

……
但我可以怎樣告訴你　事情的親切
而不讓你知道　我所
知道的事？　而不陳述事情的
隱因　解說我爲何在
那兒？

現在　我記起了多一件事情

你沒有給我空間
說這些話
你仍保護我
在你所能及的
時間和空間　直至
你
離去
永久地

字裡行間亦可見她冷面笑匠式的幽默。在《身體語言》一詩中，她便淡淡諷刺人類的自大自滿：

家貓挺着胸膛
深情的纏綿在我們腳邊
還以爲
和牠們的感情不淺

……
然而　書中也說
在五彩的貓眼中
主人
就如木桌和椅子
是傢私——
僅僅是傢私而已！

白潔蓮博士諳熟由多角度描寫，是說故事的能手。在她不少詩作中可看到角度的轉換，使詩中含意更深刻。《盲目》的第一節明顯是寫給她在交通意外離世學生的輓歌，筆鋒一轉第二節已經驟變爲對我們身處於危難中懵然不知，依舊自大自滿，詩中對此表達了深思：

是否就在這地方
滿載學生的小巴
突然失控？
衝歪了圍欄
沿着斜坡翻滾而下
壓倒了樹木
撞進了民居
驚破了多少美夢？

然而　我們依舊盲目信任
半張着惺忪的眼睛發愣
眼簾垂下
沉沉睡去
我們幾乎忘了
司機每拐一個彎
築路者每下一個決定
背後盡是
風險

在詩集裡，白潔蓮博士捕捉了許多香港的剪影片刻。畢竟，這些零碎的片段正是搬家的最重要部份，她搬動而又安穩的家——香港。

野花

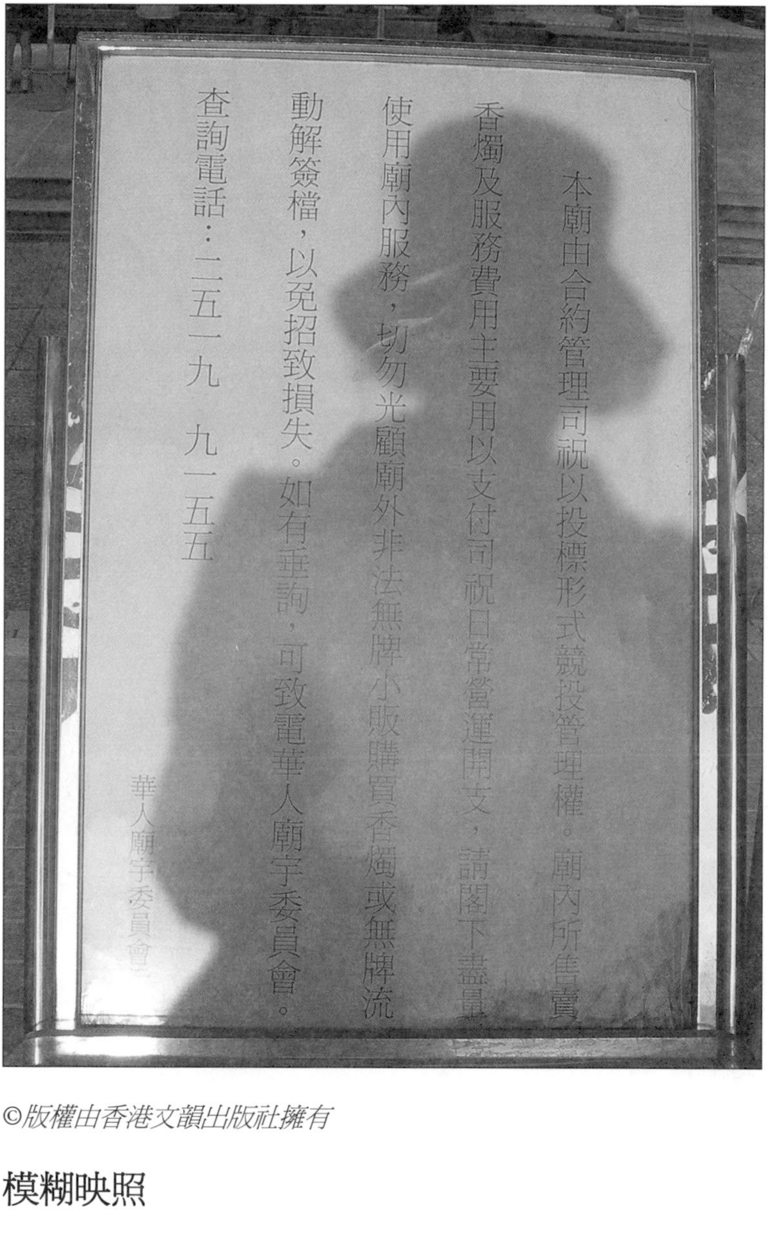
本廟由合約管理司祝以投標形式競投管理權。廟內所售賣
香燭及服務費用主要用以支付司祝日常營運開支，請閣下盡量
使用廟內服務，切勿光顧廟外非法無牌小販購買香燭或無牌流
動解籤檔，以免招致損失。如有垂詢，可致電華人廟宇委員會。
查詢電話：二五一九 九一五五
華人廟宇委員會

模糊映照

隨拍

我的詩如相片　隨意拍下了香港
有時候
——你也許知道——
攝影師的
影象
出現在照片
反映在琉璃
或鏡子　又或者
某人的
眼睛裡

但你從來
不可以
完全地
確定
曾見過他或她
又甚而
所見的、被拍下的
主角

二零零四年四月二十一日寫成

搬家：死亡提示

居室可大也可小

五千尺大宅　從來未擁有
二千五
也許三千五
則有：
先是那港大宿舍
繼而是幾年後
嫁給你之後的新居

可自從你九二年退休
屋子變小了
現在
我也退休

又變小了！

然後一天
我們
各自擁有的
空間
只會有二乘五尺六

二零零四年三月寫成

洗衣（一）

勃靈頓[1]勾勒着庭園
腦海只有
宏偉　光亮　華麗
的外觀

尺規畫着
原來欠缺廚灶
浴室　廁所　也沒有

中古時代的城堡
石柱的暗角中
也總藏着　幾個房間
讓人靜靜倒去
晚上傳來陣陣香氣

可現在　沒人記得洗衣吧
又或　那晾衣的過程

看！陽台上的
不再是午後紅茶
和半抹杜康
取而代之
只有幾行突兀的布料
懸於
半空

二零零四年三月寫成

洗衣（二）
（承上）

未必都有自己的小舟
髹上新油
昂然在香港海港上舞蹈
隨微風
拍翼而飛

二零零四年三月寫成

小實驗

有大無畏精神的你
不妨試試
僱些工匠到家中
做個小實驗

你想要的
他們不做
往往直至他們想要的
完成了
發現做錯了
才推倒重來

二零零四年四月三十日寫成

新路

小徑上漫步
想着前人
踏着一樣的步伐
教人興奮
他們要往哪裡去？
做過些什麼呢？
可有看見這朵鮮花的笑靨
讚嘆那醉人的美景
就在這條淙淙小溪
停下來
喝一口清泉？

然而新築的小路
是那無情的建築商
最近的大作
從開始到終點
看不見古人伴遊
舉目四顧
只剩下自己
孤身上路
連一頭山羊也沒有

二零零四年四月十日寫成

身體語言

家貓挺着胸膛
深情的纏綿在我們腳邊
還以爲
和牠們的感情不淺

曾看過某本
談貓兒心理學的書
說牠們
一舉手　爲了向同類問好
一投足　則爲向家中的陳設
酌量給點反應

然而　書中也說
在五彩的貓眼中
主人
就如木桌和椅子
是傢私——
僅僅是傢私而已！

*

乘坐愉景灣[2]巴士　趕赴東涌
健碩的機師穿着短袖
首先登車　仍如泰山穩站
在行李架和座椅之間
偶爾一剎車
就靠在身旁搭客上
彷彿
他們也成了　家中的桌椅

二零零四年三月寫成

鐵鳥

沿着那新鋪的柏油路
驅車往來東涌
在機場的盡處
幾隻鐵鷹
——以不同姿態——列隊降落
在一片花紅
綠滕蔓生
的草叢
有些則準備起飛

誰又明白　背後的意義？

難道想說
「附近有更大的鳥？」
「金屬的（又是何種金屬？）」
「波音七四七
七三七　空中巴士
也在附近
列隊升降？」
又或者——從另一角度想——
那只爲着嚇退老鷹？
危險勿近　只怕同類相殘
就這樣
半蓋白雲的翅膀
飛不進
運行中的摩打
四顧着的雷達
阻不了我們
安然降落返家

二零零四年三月寫成

馬灣

爲何
公路旁的「馬灣」
成了海面上的「柏麗灣」？

在西南偏南
面對大海
小屋子懶洋洋的
堆成了半月
色彩斑爛
那晚清屹立的
滿洲海關
仍舊像
在發黃照片上的
那副模樣

而另一面
向着東方
竟屬於現代的建築
高聳的混凝土
會所　海濱公園
商場　碼頭
「置業首選　鄰近市區」
地產經紀推銷着

舊的馬灣
要船家留下買路錢

新的柏麗灣
閉上了路　鎖起了橋
車子過門不入

——「只限有許可證者駛入」
那標示如是說

*

有自己的
航行燈
礁石
黃色浮標
底下藏着沉沒的
網

在想
管理員會每天
看看網子
有洞嗎？

還是直至某天初晨
文盲的鯊魚
吃掉那
不黯水性的泳客？

二零零四年寫成

交通相對論

鐵路穿越欣澳[3]
看見幾根暮年的木頭
無力地在水中支撐着

暗灰的漁網
和塵封的小屋
也許某天
一艘新船還要趕着出生

*

看那海中的小舟
載着幾個年邁的船員
顛簸駛過夕陽的航道
向着未知的明天

地底下
一條條蠕動的小蟲
堆滿木納的搭客
穿越隊道
在黑暗中吃掉了生趣

二零零四年三月寫成

沉醉

眼前的戰士
地鐵車門一開
如箭射進空的座椅上
他的身軀
忽然劃成了銀河
在迅雷之間
將你和餘下的空位
無情地隔開

二零零四年寫成

私人時間

上班的道上
時鐘上的分秒
還是自己的

她半寐着
身旁的他吃着早點
目送另一人上廁去

男士忙着採集鼻孔裡的礦石
空姐指甲上塗上妖艷的寇丹
學生唸着今天的課
少女喁喁細語
和鄰座談情

也許要待　八達通[4]一拍
穿過人生的閘門
脫下了的裝甲
才急着要穿回

二零零四年五月二十一日寫成

交移

疲累的身軀
再一次在下班的道途
靠在我的肩上
他　或者他
也許是他
好夢正酣

兩條生命的路
忽爾在道上碰着了
霎時間　他無力的靈魂
要交到你手中
這樣的遇見
你　要選擇逃離嗎？

二零零四年寫成

愴惶

銀鱗的蜥蜴
爬到足上
還未趕得及防禦
我早已驚慌起來

那末伊拉克的人民
和戰火中的英美軍隊
見困厄爬到足下
那刻
掠過他們腦海的
又會是甚麼樣的片段？

二零零四年寫成

九龍塘摩門聖殿（一）

提起左足
他向前靠攏
穿戴聖潔的袍
奏起金色的號

音韻
沒面向天國
卻落在馬路的對面
那住屋　那商舖
那辦公樓　那玩樂之地

宣揚着
天大的喜訊[5]

不須聽到
只要看見
有緣自能會意

二零零四年三月寫成

九龍塘摩門聖殿（二）

似古而今
這盒子
看不見　窗櫺
將一切秘密
鎖進無情的線條中
看着　只覺奇異得
有點反感

然後眼球向上望
金字塔般的巨柱
有使者　站在地球上
所有疑雲
霎然　一次撥開[6]

二零零四年三月寫成

盲目[7]

是否就在這地方
滿載學生的小巴
突然失控？
衝歪了圍欄
沿着斜坡翻滾而下
壓倒了樹木
撞進了民居
驚破了多少美夢？

然而　我們依舊盲目信任
半張着惺忪的眼睛發愣
眼簾垂下
沉沉睡去
我們幾乎忘了
司機每拐一個彎
築路者每下一個決定
背後盡是
風險

二零零四年三月寫成

道路安全（一）

黑白相間的標記
救不了我們
胡亂湊合的鐵柵
也救不了我們

救不了我們這一群乘客
救不了剛好溜過的小狗
救不了勤奮趕工的工人
救不了休閒緩跑的長者

救得了我們的
只有您
親愛的司機先生
和您的技術

您昨晚睡得好嗎？
害病時會休班吧？

心裡冷靜嗎？
坐得舒適嗎？
覺得沉悶嗎？
感到煩厭嗎？
會不會一時忘形
就忘了後座的十多條人命？

饒命啊！
讓我再一次回家
到我丈夫身旁吧！

二零零四年三月寫成

道路安全（二）

路標高叫着「向左看！」

但我卻也要向右看一看

說不準哪一天
失魂落魄的路人
喪心病狂的司機
或是踩滑板的小孩
會毫無預警地
衝着我來

殃及池魚

二零零四年四月三日寫成

原罪

某日閱及報上一則新聞：一位患癲癇的泰國男子死亡；在健力士世界記錄裡，他是與蛇共處時間最長的記錄保持者。[8]

Boonreung Buachan
究竟是甚麼讓你死去

是蛇口
是毒液
是利齒

還是
把你中毒時的抽搐
當成是又一次病發的
輕率

又或是
你沒完沒了的抽搐
叫你在遠方的家鄉
找不到工作的
羞恥

誰聽說了健力士大全
誰期盼那耀眼的名利
是你嗎？

還是某位
在某城某鄉的「莫扎特爸爸」
窺準了機會
讓你替他們
賺取他們
於世上的榮華？

我們永遠不會知道

原來
擁有蛇蠍心腸的
不僅是蛇蠍而已

二零零四年三月二十二日寫成

搖滾朗梅鎮[9]

報章報道，美國搖滾樂巨星貓王皮禮士利的家族，繫根於蘇格蘭朗梅鎮，特此撰詩。

貓王皮禮士利　蘇格蘭人也？
我深深相信報道
諸多猜疑的蘇格蘭人
卻認爲那是小題大做

「有什麼了不起？
　又不是尼斯湖水怪！」

君不見卡里斯堡
過去幾年
重修得富麗堂皇？
咖啡、煎餅、下午茶
管樂隊的悠悠樂章
爲您爲我源源奉上

遊人如鯽
紛紛掏錢一睹
普萊費爾
雅典娜殿的裝潢
不爲簡樸衣裝

全因朗梅鎮的搖滾天王
裡面的冰室　煥然一新
侍者忙碌
農夫慌亂

唱吧！舞吧！狂歡吧！

聲震朗梅！

簡直是天大的喜訊！
朗梅農夫呀
快來存庫
開店售貨吧！

還牧什麼羊？
孕育一個又一個
皮禮士利吧！

快快吧！

二零零四年三月寫成

命運[10]

尊敬的髮型師
拜託你
你剪的只是我的頭髮
不是我的生命
至少現在不是

尊敬的牙醫
拜託你
你補的只是我的牙齒
不是我的生命
至少現在不是

尊敬的醫生
拜託你
你割的只是我的皮膚
不是我的生命
至少現在不是

醫生將會宣告
我們的死亡

牙醫將會鑑定
我們的身份

髮型師將會爲我們
作最後的梳妝

二零零四年三月寫成

過去進行式[11]

我們依戀過去
因我們來自過去
——時間、地點、人物
熟悉的處事方式——

在沙田的　文化博物館前
老嫗　傴巴着乾枯的唇[12]
老頭　吃着早餐
大學的高才生
懷緬着中小學時期的
摯友

而我
我也依戀過去嗎？

非也、非也……

我擁抱現在
正如我擁抱身邊的你

但　我知道
過去
是背後的道路
也是面前的道路

二零零四年三月寫成

聖誕祝福遠方來

那個維吉爾是怎說的？[13]

「就如深秋散落的葉子……」？

鬼魅的亡魂
擠擁圍着埃涅阿斯
從這來到深邃往生的賓客
奉獻的鮮血裡
搾取生命
找尋那靈魂
要與之對話

然後他們來了
從郵箱飄然而至：
來自我們過去的靈魂
在我們（和其他人）的無私中
攝取僅有的溫度
當我們想起他們
記起他們
竟又牽動新的感思
在我們對他們、他們對我們的默思中
簡單知道他們現在的生活；

惦記他們還在時
我們的生活
直至永遠

二零零三年起草；二零零四年寫成

街上的吶喊

在干德道上
細細碎碎的喊聲
干擾着　刺激着
每一雙耳朵
「好靚嘅呂宋香芒——
　荔枝、蛇果啊喂——」[14]

三十年前
一把雄渾的嗓門　響徹街道
「磨—鉸—剪—鏟—刀——
　鏟—刀—磨—鉸—剪——」

昨天　我又走
在干德道上
依稀仍聽到吶喊
但他賣的是甚麼？
只見他拉着一輛木頭車
裡面有一條繩子

「新束束麻繩——
　埋嚟喇喂——想吊頸就埋嚟喇喂——」[15]

二零零四年三月二十四日寫成

白潔蓮《搬・家》葉明德等編、譯

算命

多年前
走到大圍的車公廟
橫過溝渠上的小橋
細看門前的轉運風車
手　沒有動

古舊的飛簷樓閣
隱沒在
簇新的英泥結構後
高聳的灰牆
默默迎接
往來的香客
來了一群
又一群

外面
幾桌算命攤子

其中坐着一個女的
端麗的臉　閃亮的眼
流露着智慧和精明

「十元一籤。」
少女剛坐下　怔着了
原本的三籤　變成了兩籤

「妳很相信自己。」
鄭重的宣告緩緩響起

「要懂得從別人的角度看事情；
　偶爾也要爲自己花點錢……」

巧妙地提醒她：
三十塊爲自己
買一個忠告
不太貴

同樣的忠告
出自別人口中　棄如敝履
從「她」口中聽到
卻　側耳傾聽
心領神受

當叛逆期的孩子
拒絕接受意見時
領他們
到這裡來吧！

二零零四年三月寫成

婚姻

珍妮・班達妮（Jane Bhandari）是一位英籍女詩人，丈夫是印度人；此詩是在與珍妮會晤後寫成的，她丈夫其時已離世多年。

據說
婚姻是
生命的起點

但
同樣是
死亡的起點

從此
自私會逝去　大意會逝去
獨立會逝去　孤寂會逝去
還有　那些獨處的晚上
也會逝去

然後
死亡過後
還有漫長的年歲
要把「那個人」留下的意願
獨自摸索着完成

桃洛蒂[16]避過了這厄運
故事的作者
爲她撰寫了
完美的藉口

可惜班達妮並不
活在艾略特小說當中
她
——沒有藉口[17]

二零零四年四月二日寫成

連理枝

你眼簾上落下的睫毛　刺疼了我的眼
你頭裡的痛楚　在我腦海裡迴響
你的眼睛疲憊　我的視線也變得昏暗
你心跳的加速　使我的呼吸奔騰

母親曾說
「丈夫」一定會把
通訊電話　歷史日期
記得牢牢的
但是
你像是接受了我的無知
我們做過的
我們曾知道的
我們都一起全然忘掉

我無麵包和乳酪不歡
享受餐廳裡的悠閒午餐
你喜歡濃湯和辣醬
和田裡摘的青蔬綠菜
現在的我們
嚐鮮魚　吃五穀　呷清茶
偶爾彼此告誡
巧克力多吃無益

毗鄰的兩棵樹
伸出招搖的枝椏
落下的花瓣　滋潤了腳下的土壤
滿天的飄雪　讓泥底的根糾纏得更深
風雨中　緊緊抱擁着
成爲　彼此的錨

二零零四年五月二十六日寫成

復活蛋

復活蛋的塑料包裝上
印着一隻可愛的小雞
坐在一堆樹枝兒裡
說
「幫手清潔地球！」

小雞又可以做些甚麼呢？

把小樹枝堆成掃帚
從破殼而出的一刻
便懇切的打掃
掃走
自己蛋殼的碎片

我們
是不是
也應該
做同樣的事呢？

二零零四年四月三日寫成

繆思克[18]

於我而言
有些繆思克
簡直是世上
最可悲的聲音

在快餐店中
它是否在驅逐我們
好叫多些人
坐進來

不過
它註定失敗

我們坐着
愁眉不展
三魂去了七魄

顫然失去

離去

的

勇氣

二零零四年四月三日寫成

訊息

她突然伸出了手
試探性地於腰間
輕拍了一下

是寶寶踢了我嗎？

非也
只見她探手進去
掏出震動的
手提電話

二零零四年四月寫成

街景：遞上手套

大街小販
購物時　無心丟下手套　走一段路

背後的法國女人
一直跟着我
上電梯
走到 Délifrance[19] 門外排隊
突然
拍拍我肩膀

把手套還給我
「一對」她說
「通常只有一隻」
曖昧
卻優雅

她就只說了一句話

二零零二年起草；二零零四年寫成

巴士窗外（一）：鳥瞰

我往上看　陰影處
有一排小鳥
沿着混凝土高架橋坐着

二零零四年寫成

巴士窗外（二）：清道婦

清道婦
拿着手提電話
站在堆滿垃圾的手推車旁

二零零四年寫成

佛洛伊德茶壺保溫套

貓貓又肥又多毛
尾巴滿是斑紋
彎曲着背
從兒童故事書
從坐墊　從檯墊　從茶壺套
轉身望着你

我閉目躺在床上　仍未入睡
一隻貓　醒來
走到我雙眼前方（或許是後方）;
然後……
牠的尾
由身體分出來
變成了
一條有斑紋的蛇
咬過來

二零零四年四月六至七日寫成

指甲鉗

你認識那些小小的指甲鉗嗎？——
只會剪下指甲的一小部份
殘餘的　往往藕斷絲連
關係錯綜複雜
叫人尷尬不堪

你也有這個經驗？

試過有一條幼長的指甲
突圍而出
直闖進耳朵？

你也有這個經驗？

商機無限！——
「護耳罩　護耳罩
　剪指甲前　記緊戴上！」

二零零四年三月寫成

睡眠游思

光線
逾越窗簾
的晚上
看看你的身旁！

你的眼光
有沒有
投射在
睡着了的
枕邊人？——

床單
整整齊齊的
鋪上
卻沒有看見人？——

你
也認爲這
很荒謬嗎？

二零零四年四月六至七日寫成

知識與目的

你要拉小提琴
手指便放在琴弦上
按節拍舞動
彈奏樂章

你要指揮龍舟
便會站在船尾
握着其中一支槳
讓它成為你的船舵

你要量度長度
便伸開手指　來一個手跨
或者腳跟落地　腳趾離地
腳跟落地　腳趾離地
反複量算
利用自身作為量度單位

但你必須知道
你手腳的大小
知道
你要往哪裡去
知道
你要奏什麼音樂

二零零四年四月十一日（復活節星期天）寫成

復活節特技人

你破蛋而出
三天之間
出死　入生
是自信
充分供應着養份
讓你
創造奇跡

現在你敲我們的心門[20]
如常
戴着荊棘的冠冕
提着燈
希望地上的父親
一個木匠
可以來安裝門柄
讓你進來

二零零四年四月十一日（復活節星期天）寫成

謙卑

究竟他找到甚麼呢？
山上恐龍的腳印？
最早的人類記號？

諸如此類吧

——很驚人　而且不可思議
　　超乎常人想像的東西——

但我最記得的是他　一個謙謙君子

「你找到它的時候
　有甚麼感覺？」
電視台記者問

這個意大利人　可能是法國人　只是說
「我有點害怕
　是個重大發現　令人難以置信

　我之後想
　或許這是神的恩典」

二零零三年起草；*二零零四年寫成*

前行

老人傾前　向着微風
沿着鐵軌　伴着人造坡
慢鏡似的　緩　步　跑

讓我想起
很多年前——
川崎鐵騎後座乘客
越過紐西蘭
陽光充沛、刮着風的廣闊平原
領到叫做「公牛」的地方——
我不禁大笑起來——
我以爲——
鐵騎的力量
能抵銷　強風的阻力
還以爲我們會永久留在那裡
嘗試跨越火燙的黃金曠野
卻在同時
我們被抑壓着
永被懸空
於兩強之間

我也想起愛麗斯
和紅皇后的訓誡
有些情況下
要原地踏步
也得奮力向前跑[21]

二零零四年四月十三日寫成

樹枝飄浮記

一條條幼幼的樹枝
隨水流漂至遙遠他方

被鋸開　被砍斷
這些斷枝
根　在哪裡？

你有見過那無枝樹林嗎？

——斷枝的樹
　　就如斷肢的人
　　因別人一己私慾　平白犧牲

二零零四年四月十三日寫成

與會者

他們
像些飢荒小狗
爭相搶食物
跌跌
撞撞
步
　落
　　階
　　　級——

他們真的渴望
會議給予的
精神食糧？

虛無的小冊子
論文　摘要
電郵計劃書
引領他們　到這地步

——談天說地的時間　鋒芒四射的機會
結交新朋友　原諒舊敵人
匆忙的午餐
有三道菜
還有一點火花
衝擊平凡的工作

二零零四年三月寫成

寂寞[22]

一個三、四十歲的男人
站着　身軀微向前傾
雙手合十　低頭禱告

後方是斜坡
前方是寬闊的人工大街、另一道斜坡
太陽高掛　未見影子

這裡就是意外的事發地點嗎？

——沒有空洞的表情
　　只見表現專注——

小小的靠在人造斜坡
對比遍佈斜坡上下
寬闊的、高高的石屎住宅
顯得格外細小

可他卻讓其他人
變得多麼重要！

——幾個地盤工人
　　組群歸家了——

但他沒有回家
孤伶伶的一個男人——
帶着感覺　思想　禱告——
百感交集

二零零四年寫成

東涌孝順女

她手持一杯咖啡
在檯的另一方坐下
牛仔褲腳磨損　有點過氣
對面是坐在輪椅的　媽媽

母女凝視對方
似非而是
面孔熟悉
其中一人發聲
另一人卻難以擠出答案

女兒雙眼看着
那些少女
面上化了淡妝
說說笑笑
好興奮
談論她們的想法　她們的生活
但她又看到
一個中年女人
坐在那兒
孤獨　一個

她在盼望甚麼呢？
深思着甚麼呢？

或者她只不過在想
是時候
陪媽媽
回家了

二零零四年四月六至七日寫成

浮動情緒

黑色長褲　淺色外套
穿著稱身合意
挽着一個
——同是黑色——
尙未溢滿的
購物袋
看來三十多歲的她
慢　慢　過　馬　路
來來　回回
踏前　踏後

她毫無顧慮
接受了自己
極具個人風格的
行爲模式

對我們這些不能等候十秒
而沒有強烈負面情緒的人
這　或許是一場教訓

二零零四年四月六至七日寫成

老人 ╳ 環保袋

老人挨着欄杆　等巴士
手中　一個大大的針織袋
用英文
寫了幾個大字
正好對着我們

——「**E**nvironmentally **F**riendly **B**ag」
「環保袋」——

英文字母 **E**、**F**、**B**
粗體字

其實
他還看到
另外的意思嗎？

——大概是「**E**lderly **F**riendly **B**us」
「敬老巴士」——

我恐怕
他還要
等
一段　　長　　時間

二零零四年四月六至七日寫成

音樂和訊息之間

好一把漂亮的男聲
——與唱着復活節
詩歌的詩班
和諧融合

你自信的獨唱
昂首抬頭
高舉手中咪高風
揚出歌聲
表演每個字詞的意義——

或許　瑪莉亞卡拉絲
會喜歡你的歌聲

指責一個
鄉郊歌手
站在詩班裡
陪伴着
她
還有歌詞

「我
　有一些朋友
　在觀眾席中
　目的是
　來聽
　我的歌聲」[23]

二零零四年四月八日寫成

帶着百合花的中國牛仔

在東涌巴士站　他
等候
手上一束放肆的　白百合
配合一身襯衫　帽子　牛仔褲
都回響着
美國的　德州

他的臉卻告訴我
這個鄉土男孩
趁着復活節　回家鄉探親

到底　他
如何能
這樣自信的把文化融和？

全都是
在不知不覺間　吸收？

如是
請不要
請不要讓他
明瞭自身的差距
也不要打擾
那份沉穩從容
更別讓他
寫下
如此這般的字句

二零零四年四月二十一日寫成

毛裝

這不是個好主意
落髮
弄成這個樣子
縱使
你客居異地渡過悠長歲月
頭骨受過傷
有縫口

在那遍佈
毛主席肖像的
國度裡
更加不要這樣

要不然
遠離頭髮分界線
過短的一側
會被當成是
依照毛主席的
頭髮式樣
而剪

效果永久
無法挽回

二零零四年四月寫成

擁抱・手鐲

在巴士站　一個壯實的小男孩
穿着整潔温暖的
羊毛襯衫　短褲
是怎樣的悲傷　驅使你　尖叫　哭泣
驅使你　纏擾在祖母的膝下
久久未肯停止？

是她要帶你到
你不願去的地方？
是你要別離
你不想別離的人？

而你的祖母又帶着怎樣的心情
被你　纏擾在膝下　尖叫　哭泣
久久未肯停止？

——漠視他也毫無幫助
既不能喝罵
也不能指責
更不能放任他粗魯跺腳
卻更不能　放他在欄杆上
恐嚇把他掉到水溝
就連佯裝要脫掉他的鞋子　也不能——

巴士將永不到來
打破他們的僵局？

他們仍僵持在那站頭
緊鎖於深沉的氣氛

——釋放或是壓抑——
情感：

面對他那頑固如磐石的膽量
及那喧鬧如河流的淚水？

——他的手鐲[24]
明晰地展現
任何時候只要他被水淹沒
某人
——雖然　表面上
心不在焉——
仍會把他救起

二零零四年四月二十三日寫成

白潔蓮《搬・家》葉明德等編、譯

語言課

一位絢麗的老人
接近　我
比劃手勢　滿帶笑容　向我說話
即便我說「唔識聽」 ——「我不懂」

他指指等候處　那兒
一位高大圓潤、微帶皺紋
蹣跚而行的老婦
進入視線
並了沒聲息地　走近
笑着　跟他相似

我頓然明白
她的丈夫剛才正告訴我
「我太太又去錯地方
　我告訴過她那是錯的
　但她就是不相信我說的話」

然後　他們坐在我身旁
一起等候
和善地與我閒聊
我只能反覆地
輕拍她的手　說：
「唔識聽」、「唔識講」——
「我不懂說廣東話」

我從診症室出來
他們又再與我閒聊　那老人
看了看我的覆診卡
睿智地點頭　將卡交還給我
——我想　他妻子從診症室出來時

他也是這樣做的——

老婦人也想知道
我手中的兩支
枴杖
是否在診症室裡頭得到的
「佢俾我」我答——
「她給我的」——然後他倆頷首
相當滿意

坦白說　你不需要語言
只要在伙伴間體會
在文理中理解
以及　願意去相信　你可以
「明白和溝通」

然而我告訴你　如果誰
需要
動機
去學習一門艱深的
外語
在公立醫院中
一對可愛的老夫婦
無疑會讓
那艱巨的努力
頓時變得絕對有價值

二零零四年五月一日寫成

骨科診所

我們坐在這兒——主要是勞動　或
低下階層　點綴着
些許差別——
穿著優閒雅致　又或在鼻樑上掛着
金絲鑲玳瑁框眼鏡——

我們等候
五分鐘
約見醫生
以讓他　制止我們的骨骼崩潰
令我們的背挺直
以及讓我們
不需再蹣跚而行或痛苦愁眉

——而年老正是
可以有時間等候
並有空間可以
衡量　改正　或避免
那些我們年少輕狂時
所種下的
錯誤
　或虧損

——一眾女仕　間雜幾位男仕
（沒有人掛領帶　即使那些
　襯衫雪白燙貼的人）——
我們都坐着　順從而認命地

展現些許生命力
只在　推讓輪候位置時候

二零零四年寫成

白潔蓮《搬・家》葉明德等編、譯

忠誠的變遷

傳說的大海女神　天后

我在這兒已經很久　很久
面朝大海　守護着赤鱲角的村民

外國人以巨型航船初次踏足此地
我便已在這兒

大砲的響聲貫徹虎門[25]
西方列強挑戰滿清皇權
我審視　那結局和後果——
海上　船行更繁更密

現在　我的村民要將我遷離此地——
那是在我海中捕魚的男人
那是爲男人守喪哀悼的女人——
將帶我到大嶼山的東涌
他們的遷居之地

我穿上鑲珠絲繡掛袍
載上珠飾髮冠

登船以前　我們在村內
巡行　回顧　惜別　他們都
傷離痛別　然而巨型飛行機器正要
空降此地　正需要我們這片土地

至於我們　大海（不是天空）正是我們的元素
我們可以尋找別地　以融合
面對　它的恩賜與災殃

村民也有着變遷——不多　他們只是

白潔蓮《搬・家》葉明德等編、譯

忘掉先祖的習俗
穿著外來的衣服
但他們　仍然吃着慣常的菜餚
白菜、菜心、飯、魚　以及其他的蔬菜

小孩在學習西方知識的同時
亦學習我們中國的東西

然而他們的心　仍屬於我

一九九〔四？〕年起草；二零零四年寫成

獻祭

在這兒居然有一個
貓頭鷹首級
在九龍塘
比華利酒店外面！

在尼日利亞的伊巴丹　我曾見過
狗的首級
豎立在
路中心

——獻祭予奧崗之神[26]——以轉移
神靈的注視
期求祂　不要取去獻祭者的性命
並將之作爲　祂當日的獻祭

但這貓頭鷹？——帕拉斯雅典娜的象徵
處女之神——是有某個
花花公子
以象徵奪取處女的
首級　在這夜
盲目的約會中
祈求讓
象徵
成真嗎？

二零零二年起草；二零零四年寫成

純淨的禱告

它仍然在那兒
那個新造的神龕　我在
昨天見過的那個

神靈細啃了那
體貼地放在開口小袋中的　餅食

但卻留下蘋果
包裝糖果　和
橙

留待另一天

人心就是這樣的易感

滿足於　想像
這是酬謝神靈
賜予喜樂

不安於
沉默懇求
困窘得以消解

舒緩於
一個　絕對
純淨的
祈禱
所能帶來的可能

二零零三年寫成

專業自信／以管窺天

你可有察覺
美髮師是如何
集中注意在
頭的
背面
自豪地將之展現
在鏡內　希望你
欣賞他的完成作？

至於我
比較關心
我的面
是何
模樣
由正面或側面看
那風格
能展現我最好的特徵
以及　減輕我的缺點嗎？

當清潔工
專心致志地洗磨出光澤
不理會他們弄出來的刮痕
在那昂貴的
風景窗上？……又或
工人以爲
併花地磚
或　大理石地板
才是他洗磨的表面？

當板球手羅亞　在比賽中
獨得三百八十次得分跑——

一個世界紀錄——而他的隊伍
共得七百五十分
但這場比賽卻只是平手收場[27]

李爾王轉移注意力到服裝上
發覺　女兒穿著的昂貴衣服
只夠僅僅維持溫暖[28]

女性在特定場合
穿著的鞋子
能夠徹底毀掉她們雙腳

我們都知道那諺語
「手術成功；但病人死亡」

二零零四年四月三十日寫成

我想說的話

在我接過電話　預訂
機位　安全就座
安全帶忠實地環繞我身
並牢牢地把我扣緊

我想起你　以及
見面時　我該跟你說的話——
完全地禁閉在
你必然的死亡之中

「知情權」
這是網站內列舉的人權中
其中一項
在「容身之所」及「痛苦」之下
——「談論它的權利」是另一項

我記起　自己曾徹夜咳嗽　夜復夜纏繞逾年
而那喘咳
更在其後年年如是
然而你卻寬容地忍受

我記起　你曾帶我出外
在某星期日午後　學習
騎單車　當我跌倒
你說「別告訴你媽媽啊！」

我記起　你給我錢
繳交音樂課的費用
違背母親明晰的渴望
我記起　有一次——當我已長大成人
離家亦已有二十多年
你在晚間散步後

等候我回家

我記起　你曾借車給我用兩星期
那是在另一年　當我再次休假在家

我緊記並珍視　你對我所寫的兩本書的讚許

這些都是我想說的話

但我可以怎樣告訴你　事情的親切
而不讓你知道　我所
知道的事？　而不陳述事情的
隱因　解說我爲何在
那兒？

現在　我記起了多一件事情

你沒有給我空間
說這些話
你仍保護我
在你所能及的
時間和空間　直至
你
離去
永久地

二零零一年起草；二零零四年寫成

自我形象

「這不好看」你說
凝視　鏡中那
滿佈皺紋的肌膚
瘦削的臀和腿上
下垂　打摺
想起那豐滿均稱　父親所欣賞的腿
那雙少女時代　你經常練習
仿傚音樂劇《不，不，納內特》[29]
踢過頭頂的腿

這實在是毫不寬容
當秀麗悅目可以因食慾而
丟棄　只剩下
些微的鼓勵
以繼續生存　只剩下
寡婦的自我形象
當技巧與才能
都衰退如此

只剩下
悲傷的心靈和敏捷的智慧
感知　以什麼成爲
替代

無可補救

二零零四年四月十日寫成

凡花

花朵可以維持很久

如果你　換水
修剪枝莖
足夠頻密

縮減
容器大小
如同　花梗
縮減尺寸

有些人
亦會收縮　需要
年紀越大
衣服越小

我們的身體
不由自主地
縮減
藏起
我們
失去的
精華體液

二零零四年四月八日寫成

杏仁花瓣

駛過馬路
離開你

杏仁花辦在流淚

那白梅子樹依舊
朝天提起它細長的手臂
從不懷疑　她們遲暮的花朵
會結果

二零零三年三月二十九日星期六寫成

堅持己見

剛從醫院調來

裸着身子的你
在護養院
狹長的走廊上前行
有什麼含意嗎？

你是如何做到的？

你是否抓着
那沿牆四處伸展的扶手？

你好像在說：
「我在這裡
　我不是包裹
　是個有思想和感受的女人

　你膽敢否認嗎？」

二零零三年起草；二零零四年寫成

白潔蓮《搬・家》葉明德等編、譯

獨照

你穿着
紅寶石婚當天的套裝
戴着頂
繫闊絲帶的粗邊草帽
坐在輪椅上
瞧我們展開雙手

那突如其來的
挫敗與苦痛
教你不能
用言語交流——

一副

愁眉不展　心事重重的樣子

但你愉快地向我們伸手
小心奕奕的
想說什麼呢？

你想說
「我在這裡！嗨！我還在！
　離開前跟你們說聲好！」？

你把訊息
　傳
　　到哪了？

輕輕穿過
你與攝影師之間的草坪嗎？

還是在
你已成的灰
與我們還跳動的血肉之間
越草皮而過

凝視着這幀照片
想念你

二零零四年四月二日寫成

靈堂致哀

你躺在這裡
小小的、靜靜的地方；
你的思想
輕輕飄落到遠方；

在我身後
在我們之後

一種莊嚴的氣氛

我們的憂慮
不再是你的掛慮

我們的生活
於你已無干

你存在
　　　與　離開
的震撼

將在我們腦裡
縈繞
一輩子

二零零四年三月三十一日寫成

我在哪兒，會往哪裡去？

你張開雙眼
看到你的所在
會否問：
「我在哪？」
——憤怒、疑惑、奇怪
竟會帶着這古怪的物事上路？——

你可會想
要　一面鏡子
看看你的樣子？
要　一點顏色
減淡蒼白的膚色？
要　一台暖爐
沖走寒冷的溫度？
你可會
穿上　那粉紅色的錦緞禮服裙子？
發現　手上失去的戒指？

你可有想過
以後發生的種種？
——那淺棕色的箱子
那穿越木板的釘子？——
顛顛簸簸的上了車子
龜速走過附近巷子
——雜貨店、肉店、郵局
鄰居的家、你的家——
你都已然不見；

傳來一點聲音

——是你女兒和丈夫在旁邊？

來到教堂
洪鐘悠悠震響
接着是
彌撒、聖詩、悼念詞

你可會納悶
身上、車上有多少鮮花？
想偷看
參與者多寡？
他們是否一身素黑衣裳？
是否悲聲痛哭着？

你可懼怕
這生命的最後之旅？
——和這簡單的派對後
　　　　　　　　　那吃人的烈火？

二零零四年五月十七日寫成

失而復不[30]

誰會
再對我們所做的感興趣；

誰會
如此細心
來閱讀我們的信件；
知道我們生病或住院
便立刻來電；

誰會
站在閘外
看着我們往希斯路機場[31]的背影
漸行漸遠
手卻揮個沒完

誰
已永不再
有誰了

二零零四年三月三十一日寫成

慈愛（片段）

那晚夢裡
我一無所有

母親翩翩而來
張開雙手
帶來一袋一英鎊金幣[32]
——或許是半英鎊——

然後
我在夢中醒來
感動流涕

二零零四年三月三十一日寫成

代溝

可悲
你犧牲了時間　金錢
給我
所不要的

可悲　卻值得高興

真可悲
我得到的
希望與你分享的
你一一不要

真可悲　卻值得高興——
你　認同嗎？

二零零三年起草；二零零四年寫成

白潔蓮《搬・家》葉明德等編、譯

「留給記憶吧」

「留給記憶吧」
祖母一面說

一面傳給我看
她的肖像

照片中的她
看來有點年輕
我還是第一次看見

金色鍊墜
懸在大概是
她親手縫製的
花邊襯衣

柔柔的秀髮
頭上堆疊起來
朦朧雙眼
徘徊在自己的未來

——原來是她的訂婚照——

這一刻
祖父
由梳妝臺對面
銀色相架那裡
望着她

八字鬚
配起俏臉來極好看
衫領潔淨
西裝畢挺

白潔蓮《搬・家》葉明德等編、譯

他們天生一對
我卻以不同方式
懷念他們

噢！愛情真神聖啊！

二零零四年五月十七日寫成

模糊映照

《五位詩人創出文學新天地》[33]

翻譯自論文《Five New Scorchers Blaze a Trail》

二零零四年五月三日（星期一）在香港浸會大學英國語言文學系教員研討會發表之講話[34]

今年三月八日，第三屆香港國際文學節揭幕，由五名香港英語詩人擔綱開幕表演嘉賓。揀選他們的原因很簡單，就是因爲他們都在零三年上一屆文學節以後，分別出版了新的詩集。來自英語媒介、大眾、書店的支持嚮應非常熱烈，本地英語報章《南華早報》（*South China Morning Post*）更在演出當天發表文章報道有關消息，而且還把標題放在頭版[35]。演出盛況空前，反應熱烈，《星期日早報》（*Sunday Morning Post*）報道[36]說：「文學節開鑼，五名本地詩人演出……，整個中環藝穗會劇院擠得水洩不通。」《南華早報》的評論[37]也相當具鼓舞作用，它指出：「表演使詩歌踏上文學舞台，成爲眾人焦點」，而且引述部份觀眾的意見：「就如大部份第一次在藝穗會劇院看表演的人認爲，詩歌表演讓大家可以一窺平常人的世界……『可以親身感受的感覺真捧……很難得可以聽到詩人朗讀自己的詩歌，感受他們當初寫詩的原意』。」

在報章評論發表過後，連鎖書店戴莫克斯（Dymocks）的負責人馬太・史達利先生（Matthew Steele）向五位詩人致函道：「恭喜您們成功把本地詩歌藝術帶進人群中！」[38]他並在信中邀請詩人於二零零四年三月二十四日（星期六）下午，到香港國際金融中心的戴莫克斯書店，舉行另一場閱讀會，重燃火花。這樣事先張揚的宣傳，再次證明文學節的開幕表演非常成功。[39]

約翰・凱瑞教授（Professor John Carey）曾是香港文學節文學獎評判團主席，而且是一名德高望重的評論家，在倫敦《星期日泰晤士報》（*The Sunday Times*）有超過二十五年的撰文經驗[40]。他當天也有到臨欣賞演出，從私人對話中得知，凱瑞教授認爲演出是一個極佳的機會，讓他認識香港。事實上，教授的反應一點也不足爲奇，因爲幾本詩集反映的，正是詩人各自的職業生涯和私人生活，當中包含他們在大學或中學講課的點點滴滴、對香港社會事務的參與等等。詩集的主題還包括了詩人在公眾場所對人物的觀察，以及對香港市區郊區景觀的各種回應。部份詩歌傾向反映外國人在港的生活和面對的問題，部份則描述跨文化倫理關係（例如：婚姻、家庭）所衍生的問題。故此，整體來說，詩人並非單單以「非華人視角」看待香港，而是以局內人角度或檢視或報道中國式生活，達至一種具代表性的平衡。

書籍出版之時，這五位詩人均已是香港居民多年，旅居香港數年至三十多年不等。當中兩人來自印度，其中一人曾在英國倫敦居住；兩位詩人是英籍，其中一人在利比亞出生，兩人均有多次海外生活經驗；最後一人在美國出生、加拿大長大和接受大學教育。

詩集按出版先後排序分別是：曼麗・娜（Mani Rao）的《回聲測距》（*echolocation*）、白潔蓮博士（Gillian Bickley）的《立此存照》（*For the Record and other Poems of Hong Kong*）、嘉維蒂・珍岱兒（Kavita Jindal）的《改日再來》（*raincheck renewed*）、添姆・凱撒（Timothy Kaiser）的《食通天》（*Food Court*）和馬路遙（Martin Alexander）的《空地》（*Clearing Ground*）。究竟這些書籍結集起來，是否其中一把香港的聲音，反映着社會的部份意見呢？這些書籍的成功，是否顯示出香港英語文學景象有所改變呢？這又對香港現在努力呈現的國際化印象有沒有貢獻呢？

序論

我提出「香港的聲音」這個問題，是要問我們應該如何界定它。究竟放在「個別詩人」之上和「整個詩人族群」之上，什麼是「香港的聲音」呢？——這個問題的答案（部份取決於參與者）當然會牽涉一個包括不同因素的討論，例如詩人能操的語言、社交圈子、家庭背景、香港生活時間、對香港的投入程度、出生地、居住地、種族淵源、詩歌所用語言、主題、形式風格、態度、語氣、跟從的文學習慣，以至於詩人的政治取向等。在此之前，可能甚至需要討論一下「什麼是香港？」（不過在此不贅了）。

第一個問題「什麼是一把香港聲音」呢？這不禁讓我想起那些我在一九七零年代匯編香港英語創意寫作資料時遇上的問題。[41]

回顧二十六年前我所寫的，那時我在匯編中把文章歸成三類：不論文章主題，凡是香港居民創作的，都歸成第一類；第二類和第三類文章，均由一些曾經在香港居住的作家創作——如果文章是直接關於香港，或者談及香港，會被歸成第二類；如果文章有部份內容是因爲香港而得到靈感、有所啓發而寫的，則會被歸成第三類[42]。說回我今天要談的，我會說這三個類別的文章加起來就是「香港的聲音」的一部份。

類似的觀點馬志豪（Dino Mahoney）也曾提出過。香港組織 OutLoud 每月舉辦一次同名的讀詩會，詩歌後來結集成書，馬志豪便在詩集的簡介中提出有關觀點。他引用其中一名參與讀詩會的詩人艾爾敦・比華頓（Alden Bevington）的句子，指出香港的聲音就是任何一位詩人的聲音，而該詩人的窗戶是「通往或曾經通往香港的街道」[43]的。我會把他的話發揮一下，把市區和郊外的景象都包括在內：「香港的聲音就是任何一位詩人的聲音，而該詩人的窗戶是『通往或曾經通往香港的街道〔或景觀〕』的」。

我也想把定義再推深一層：「香港的聲音就是任何一位詩人的聲音，而不論是否自覺地，該詩人以香港爲主題，或在其中得到靈感」[44]。不過，我想我還需要逐一個案分析，考慮一下是否也要把一些從未踏足過香港的作家的作品計算在內。（因爲即使一個人從未踏足過香港，也可以寫一些關於香港的東西，或是因香港而得到啓發。事實上，正如我稍後會說明，討論中涉及的幾位作家都曾在香港居住，但他們描繪出來的香港都有着不同的形象，而且當然都是他們個別對香港的觀感——都是他們的個人構想——而且我們大概會在哲學上爭論，說那根本就不是香港。）馬路遙是其中一位今天討論涉及的詩人，儘管開萊・泰利爾（Clare Tyrrell）曾報道[45]說馬路遙從不認爲自己是香港詩人，在我的定義中，這類人的作品，也是香港的聲音。

廣義來說，如果目的是要想將香港呈現給國際社群，或者呈現給香港社群中兼有國際、國家、本地視野的成員的話，在定義什麼是香港的聲音或其組成部份時，我們寧可包容一點，把定義拉闊一點。

故此，我對第一道問題——究竟這五本詩集結集起來，是否其中一把香港的聲音，反映着社會的部份意見呢？——的答案理所當然是「對」的。今天講座主要會爲大家簡單介紹一下每本書的內容，看看當中的玄機。如果大家還未有看過這些詩集的話，我希望大家能夠在稍後時間，抽空翻閱一下，看看這些作品對以華文爲主的香港聲音作出了怎麼樣的貢獻。

五本詩集其實很不同，每位詩人各自有一把獨特的聲音。但正如馬志豪在二零零二年出版的 OutLoud 詩選中所寫：「城市之歌，乃以各方聲音揉合而成」。[46]隨着香港越趨國際化，這句話越顯得真確；而且越多文學創作以英文這個國際語言寫成或出版，香港的國際化特質便越強。

首先，我會根據詩人的英文姓氏排序，討論五本詩集：

馬路遙的《空地》分成三個沒有命名的部份。在二十八首詩歌中，集合個人主題、普世主題，有着對外在事件與各樣景象的反映和回應。當中只有一篇詩歌的題目包含「香港」兩字〔第 92 頁的《在香港的平靜生活》（*Still Life in Hong Kong*）〕；有幾篇詩歌的題目，只要認識香港的人，都會知道是跟香港有關的〔第 31 頁的《海下》（*Hoi Ha*）、第 43 頁的《大浪灣》（*Big Wave*

Bay)、第 64 頁的《觀音廟》(*Taipa Temple*)〕；有幾篇詩歌，內容包含跟香港地方、機構的字眼(包括：大嶼山下長沙泳灘(第30 頁)、灣仔道（第 46 頁)、雲景道（第 48 頁)、赤柱（第 68頁)、果洲群島、西貢、沙橋海鮮漁村[47]（第 98 頁)、香港廣告（第 44 頁)、Fat Angelo's（第 51 頁)、英基學校協會港島學校（第 70 頁)、地下鐵路（第 78 頁）等)。熟悉香港的人，大概也會在詩歌中找到其他跟香港有關的元素。然而，部份詩歌的題材，跟其他馬路遙曾生活過、居住過、旅行到過的地方有關，當中包括了中國內地、西班牙、越南。

白潔蓮博士的《立此存照》以順時序形式，爲讀者呈獻六十首詩歌。雖然詩集沒有分成部份，但詩歌都圍繞兩大類主題來寫：第一類寫香港的人、鳥、樹、大自然、甚至是人造世界；第二類詩歌，是詩人對個人事件的回應，那些事件皆是詩人在香港生活的點點滴滴。第一類詩歌，多是詩人或詩中人物走在街道上穿梭香港，或乘坐公共交通工具時，有感而發，對華洋人士的反思和觀察。當中有些詩歌，描述的，是顯示中西不同文化的舞台演出。有一首詩歌，以一名中國祖先的角度來寫，看着在世親人清明節在墳前拜祭（第 56 至 59 頁)。第 12 頁的點題作品《立此存照》(*For the Record*）於香港回歸祖國三十載前寫成，就如老照片般反映着香港的古舊風貌，紀錄着種種人和事，而且質疑非華人日後在香港的歷史中會否留有任何位置。另外有一首詩歌，在一九九七年七月一日香港回歸中國後不久寫成，題爲《燕子》(*Swallows*，第 60 至 61 頁），詩歌末端有一個頓悟之處，反映着不同國籍人士，在時移勢易之前，一些幻想出來的情緒，有着一種若即若離、不能自我的感覺。

嘉維蒂・珍岱兒的《改日再來》共有三十四首詩，分成五個部份。

第一部份叫做《井中生活》(*Living in the Well*)，描寫個人精神和心理狀態，有時候是反思式的，有時候是暴力的，時常表達着理想慾望與克制約束之間的矛盾與衝突。這部份以第 16頁的詩歌《樂觀》(*Optimism*）作結：「我從不曾墮落／在這樣深這樣乾的井／裡面沒有水／我不過在乾地猛刮猛挖」（“I never yet fell / In so deep and dry a well / That there was no water to be found / When I scratched beneath the arid ground.”）。唯一簡略提及香港的地方，可見在第 15 頁的《再一次，把它包好》(*And Wrap It Up, Again*)：「我記憶的聲音／好像麵條[48]／散落在光潔的地上／在足踝處折開」（“The voice of my memory / noodle-like / unravels on the polished floor / and nips at my ankles.”）。

第二部份《很想當太太》（*Aspiring to be a Tai Tai*），講述一連串在香港名店逛街購物世界遇到的經歷，與及穿戴名牌的闊太的日常生活，筆鋒尖銳，論點獨到，不留情面地自我審視一番。

第三部份名為《傷心往事》（*The Ones that Bite*），主要寫個別事件，以及幾段情感色慾關係的情緒心景（雖不一定是詩人的本身經歷）。詩歌的觀念和表達手法都很具時代感、十分國際化。

第四部份《我生命中的爸爸》（*My Father's Life in Mine*），顧名思義，是關於詩人（或詩中人物）跟父親的關係。詩人在詩中表達個人意願，試圖理解父親的人生和性格，細說他們之間發生的事，思索自己到底有多愛有多不愛他。

最後一部份是《對話一篇篇》（*Conversation Pieces*），題目包羅萬有，不明顯跟香港有關，甚至寫的是其他地方。部份是詩人（或詩中人物）的自我反映，或對其他人的感受。有一些詩反思或回應在詩集出版不久前事發的國際大事。在第 47 頁的《橙色、燒焦》（*Orange, burnt*），詩人寫詩時，幻想自己身處在二零零二年十月的印尼峇里島爆炸案現場。第 49 頁的《戰爭的真相》（*That's War*）諷刺時弊，表達對戰爭的關注，並回嚮反應這些問題的製造者和受害人。第 50 頁的《碎片》（*Shards*）短短二十三行，卻雄心壯志，一方面寫交易殮葬古董時的種種誤解，另一方面談談香港新的廸士尼主題公園。

《食通天》的詩人添姆・凱撒在北美洲出生長大，卻在香港落地生根，居住了十年。詩集分成兩個部份——有六十五首詩的《東方》(*East*)和有四十五首詩的《西方》(*West*)。在第一部份《東方》裡面，「香港」這個名稱出現在第 36 頁《那夜鞏利[49]來了香港，港督彭定康[50]睡在沙發上》(*The Night Gong Li Came to Hong Kong and Governor Patten Slept on the Couch*)這道耐人尋味的詩題之中；另外有些詩題中，包含香港元素，熟悉香港的人都會一眼看出來，例如：第 25 頁的《平靜生活：晚上的灣仔》 (*Still Life: Wan Chai At Night*)、第 31 頁的《旺角慢拍》(*Show and Tell on a Slow Mong Kok Night*)、第 63 頁的《城門河畔》(*On the Banks of the Shing Mun River*)、第 77 頁的《崇基學院圖書館旁的破壞》(*Demolition Next Door to the Chung Chi College Library*)、第 85 頁的《跑馬地之夢》(*Happy Valley Dreams*)；有些詩歌，描述了在香港慶祝的中國傳統節日，例如：第 59 頁的《中秋節》(*Mid-Autumn Festival*)和第 60 頁的《沙田龍舟競渡》(*Dragon Boat Races – Shatin*)。

有些詩題跟香港歷史有關——有趣地以加拿大人的視角適切來看（試想想詩人是在加拿大長大的）——包括了第 73 頁的《1941 年 12 月黃泥峽之役》(*The Battle of Wong Nei Chong Gap – December 1941*)、第 55 頁的《老人給其籠中鳥——1997 年 7 月 1 日》(*old man to his caged bird – July 1st, 1997*)、第 57 頁的《降旗》(*Lowering Jack*)、第 58 頁的《回歸慶典——1997 年 7 月 1 日》(*Handover Ceremony – July 1st, 1997*)；事實上，也有一些詩歌跟香港歷史有關，但沒有在標題中表明，例如：第 28 頁的《鎮定》(*equanimity*)跟皇家軍隊和革命運動有關。

凱撒筆下的人物，很多是他在香港遊走時觀察所得的，但當中也包括了自己的太太和客家籍外家，在個人和家中環境的所見所想。除了自我反思以外，他也設身處地幻想其他人的想法、感覺、過往經歷〔例如：第 26 至 27 頁的《14M 小巴》(*Minibus 14M*)〕。也有一些詩描述在香港發生的個人事故〔例如：第 86 頁的《鐘擺》(*The Pendulum*)、第 87 頁的《合唱》(*Chorus*)〕。

除此而外，凱撒的詩，也觸及對普遍人類行爲的理解〔例如：第 79 頁的《清晨水手》（*Morning Mariner*）把早報看成與柯立芝（Coleridge）的《古舟子詠》（*Ancient Mariner*）有親密關係──「如我曾學過些什麼／……／我不會問爲何是信天翁／因爲就算不是信天翁／也會有其他美麗的東西／無辜的東西／遭毒手」（"If I have learned anything / … / it is not to ask why the albatross / for if not the albatross / there is always something beautiful / something innocent / to kill"）〕[51]。

在《西方》這部份的詩歌，貫徹《東方》最後幾首詩的感性，清楚說明詩人對跨文化婚姻和生活開放的原因。《西方》也藉着包括越戰在內的世界大事爲粗略背景，記敘和反思家庭、個人生活、教育問題。凱撒將個人經驗，既連繫到認識或遇過的人的經驗，亦連繫到從書本得到的經驗〔第 101 頁的《寫雪》（*on snow*）〕。他同情他人的遭遇，又把自己作爲年輕人的憂慮，與政治流亡人士〔第 104 頁的《開・關》（*on and off*）〕和經濟移民〔第 108 至 109 頁的《草原敲擊樂：黃氏咖啡店》（*Prairie Percussion: Wong's café*）〕等生活艱苦的人來比較，顯出自己多麼杞人憂天。

曼麗・娜的第六本詩集《回聲測距》共有三十多首無題詩。雖然明知外在因素的存在，但詩歌目的不在於反應這些客觀環境，而是集中描寫詩人受着外界刺激（包括人爲）影響的內心世界；第 28 頁談及聯合國秘書長科菲・安南（Kofi Annan），那是詩人唯一點名提及的人物，顯示着指示對象的特殊身份。她讓我們透過詩歌，隨時進入她所創造的世界。

綜觀五本新出版詩集

儘管五把聲音不盡相同，這五本詩集的詩歌之間，卻有趣地有着不少相似之處。有小部份（的確是很小部份）我會在這裡簡單說明一下。

我只會限於評論以上五本詩集，而詩集中，有四位詩人（馬路遙、白潔蓮、珍岱兒、凱撒）有連名帶姓寫親屬。兩位詩人（白潔蓮、凱撒）表達了他們對香港歷史、香港環境改變的關注和興趣。三位詩人寫在工作環境的所思所感（白潔蓮寫大學學生及校園生活；馬路遙和凱撒寫中學生）。我們大概可以說，五人之中有四人都寫工作環境，因爲珍岱兒也有寫香港的社交圈子和女強人──她本身不就是當中一份子麼？──所以也可勉強說是與工作環境有關。

四人（馬路遙、白潔蓮、珍岱兒、凱撒）寫香港人，不論詩人認識與否的香港人。〔有趣地，大部份詩寫的是詩人在街上、公共地方、交通工具遇上的陌生人。這多少反映了香港多元社會真實的一面，不同種族不同階層之間，很少有平等的日常社交接觸（世上有哪個地方是這樣的呢？），卻又顯示出詩人多麼渴望能夠與陌生人接觸，就算只是幻想也好。〕

我們亦能從各首詩歌中看到文化差異〔凱撒的《生日鳥》（*birthday bird*）之中，外母把一隻受了傷的珍貴小鳥丟棄，因爲在喜慶日子，籠中鳥不吉利 “not good have / Caged bird on birthday”（第 67 頁）；第 82 頁的《冷卻熱情》（*To Cool the Fire*）把初生小狗製成中藥材形容爲恐怖（“the horror”）〕。在一些詩歌中，詩人跟文化差異角力，有時甚至超越文化差異〔例如：白潔蓮的《差異》（*Differences*，第 64 至 66 頁）和凱撒的《沙田龍舟競渡》（*Dragon Boat Races – Sha Tin*，第 60 頁）〕。

有些詩歌探究包容、體諒、同理心、關愛、同情有需要人士等主題〔馬路遙的《悲傷的顏色》（*The colour of mourning*，第 35 頁）；白潔蓮的《兩面神》（*Janus*，第 31 頁）、《清明節》（*Ching Ming Festival*，第 56 至 59 頁）、《燕子》（*Swallows*，第 60 至 61 頁）；凱撒的《周年紀念禮物》（*anniversary present*，第 32 頁）、《消除》（*eradication*，第 38 至 39 頁）、《在水一方的中國》（*The Chinese Side of the River*，第 68 頁）〕。

有些詩歌主題相仿，白潔蓮和凱撒兩人均曾多年在郊外居住，分別寫了些關於籠中鳥的詩〔白潔蓮的《交換意見》（*Comparing Notes*，第 26 至 28 頁）；凱撒的《城市的煤礦》（*Coal Mines of the City*，第 76 頁）都是一些例子〕。在這些作品中，月亮和風景兩個元素都起着重要作用。

馬路遙、白潔蓮、凱撒各自有些詩，主題是有關詩歌創作與準備的〔馬路遙有幾首此類作品，例如：《尋找詩歌》（*Hunting for poems*，第 14 頁）、《寫作》（*Writing*，第 29 頁）、《如何能不寫十四行詩》（*How not to write a sonnet*，第 41 頁）；白潔蓮有兩首：《歡迎》（*Welcome*，第 11 頁）、《理由》（*The Reason for it*，第 50 頁）；凱撒的《崇基學院圖書館旁的破壞》（*Demolition Next Door to the Chung Chi College Library*，第 77 頁）則顯示，詩人準備藉着觀察他人來寫詩，我們在詩集中找到的詩歌，很多就是由當初的觀察而來〕。

Elaine Ho 把凱撒的詩歌形容爲「詩人與熟人或陌生人之間對話的實現」（Elaine Ho, 第 12 頁）。事實上，白潔蓮有些詩也是這樣的，不過描寫對象以自然景物、生物、人類爲主。

形式

大部份創作都是自由詩，不受格律約束。但在一個有形詩體（concrete poetry）的例子〔《奇怪選擇》（*unnatural selection*，第 90 頁）〕之中，凱撒局部仿照了英國詩人喬治・赫伯特（George Herbert），創作飛翼形狀詩歌。在五名詩人之中，馬路遙最喜愛跟從嚴格的詩歌格律，例如十四行詩、日式三行俳句詩等（第 54 至 57 頁）。或許，這可以解釋爲何他寫的不少詩歌，就如之前所說，主題都跟詩歌創作這個行爲本身有關。白潔蓮的最後一首詩《月之花》（*Flower de Lune*，第 105 頁），以及凱撒的其中一首詩（無題，第 62 頁）則缺乏類似的形式。

聲音

大部份的詩歌，都以詩人的聲音，或詩人意念或性格衍生出來的詩中人物的聲音寫成，雖然並非所有詩歌如是。──不過，單從一篇作品來揣測作者的個人背景，當然是一件很危險的事情！──在云云例外中，最成功的例子是馬路遙寫的詩《讓單車老人自豪的事》(*The ageing biker's boast*，第 17 頁)。香港藝術發展局的評論人也讚揚白潔蓮的《清明節》(*Ching Ming Festival*)，一首以先人聲音寫成的詩歌。

編輯

凱撒所編的術語彙編非常實用，解釋了香港和北美不同的用語（第 149 至 150 頁）。不過，有時候，有些北美用語，在往後的版本中，可能還需要進一步解釋〔例如："cheering on the Ethno Centrics"（第 143 頁）這一句〕。白潔蓮介紹詩歌時，則解釋了背景，並在具有互文性（intertextuality）的地方下了註腳。

額外資料

曼麗・娜的詩集，以不尋常的書本設計來美化，並在書中表列以往出版過的刊物。

馬路遙的詩集，包括了「作者自序」、「獻辭」、「作者簡介」等，加入背景資料，一方面介紹作者，另一方面介紹出版《空地》的過程。嘉維蒂・珍岱兒詩集中的「獻辭」、「鳴謝」、「作者簡介」，也介紹了作者的背景和出版《改日再來》的過程。

馬路遙和添姆・凱撒的詩集各自收錄了一篇評論文章，分別由兩名香港大學英文系教員撰寫〔一名現任和一名前任英文系系主任〕。

除了在封面勒口的作者簡介、書本簡介外，白潔蓮的《立此存照》還包括了一篇文章，筆錄了作者在 2002 年香港大學英文學會一次講座的講話。白潔蓮的文章《香港文學飄泊之旅：個人故事》（*Literary Odyssey in Hong Kong: a Personal Narrative*）把個人寫作事業，與她對自 1970 年以降香港英語文學領域的評論交織起來。詩集以香港學校音樂及朗誦協會主席撰寫的「序言」開首，特別向該協會的支持者指出，「文學就是我們所能做的」[52]這一點。出版商慷慨地向協會的成員中學贈送詩集，每所成員中學一本，詩人於是寫道「我深信這樣能夠鼓勵師生把香港──香港的市區、郊野、師生自己、家人、朋友、各位市民、一花一鳥──視爲文學的珍貴對象。另外，我希望師生能夠明白，學好英語，對社會和個人都有好處。我們要與外界溝通，告訴別人自己對香港的想法、願景，在國際社會中贏取支持和認同。在未來日子要達成目標，除了學好英文以外，還有其他更好的方法嗎？」。[53]

<u>對象</u>

爲了保持與香港學界的聯繫，《立此存照》的對象讀者群，不單有忠實的詩歌迷，也有並非以英語爲母語的讀者。兩張隨書附送的唱片，收錄了詩集所有六十首詩歌的錄音，提供了渠道，接觸更多知音人，而事實上不少人因此而得益。

五本詩集，可以說是五位詩人的個性表現，而讀者又大都有類似的性格特徵，教育背景、文化素養、道德價值也大同小異。

這些書籍的成功，是否顯示出香港英語文學景象有所改變呢？

答案非常簡單──是的！以我所知，本土英語文學，根本沒有在香港持久存在過。這個觀點，也得到 Louise Ho 支持，她在 2002 年寫「（香港）根本不存有英語文學社群[54]」。事實上，根據《南華早報》的開萊・泰利爾報道，五位詩人之一的曼麗・娜也有與何氏類似的看法：「我認爲香港還未真正有英語文學……儘管相比起四年前，越來越多討論，越來越多書籍出版，舉辦的活動越來越多，但英語文學還是小圈子玩意[55]」。但今天以至前幾年對我來說，主要憑着幾位有心人的幫忙，香港英語文學圈的雛型漸成。

之前提及的廣泛傳媒報道、文學節的公眾支持、連鎖書店經理的迴嚮都一一證明了上述觀點，迎接着一個新的文學景象來臨。

究竟這個改變能否持之以恆，讓扎實穩健的英語文學圈子得以萌芽，還是未知之數，得視乎個別人士的能力和意願來定，而且還得看看在滾滾洪流中，這個信念能否得以薪火相傳，承傳下去。我們也要避免因其他因素而壞了事情，故此，書店、贊助商、小學、中學、大專院校、考試主辦團體、朗誦節、大眾等多方面的支持非常重要。很大程度上，負責英譯中的譯者亦扮演着很重要的角色，讓更多人可以接觸作品。一些讀者，雖然能讀英文，卻可能需要靠中文譯本，來確定自已透徹明白詩中表達的意思。在此，我要衷心感謝周兆祥博士的協助，把《立此存照》中全數六十首詩歌翻譯成為中文。

這些書籍的成功，對香港現在努力呈現的國際化印象有沒有貢獻呢？

再一次，我非常簡單的答──有！五位在香港居住的外籍詩人，受香港啓發、教導、指引，出版英文詩集寫香港，反映了香港社會相當的成熟程度。

再者，作品主題明確與香港有關，也提昇了香港在國際讀者群中的形象。

如前所述，一些評論員指出，這些作品呈現的香港，不過是詩人的構想，然而，這對提昇香港的國際地位有積極作用。Elaine Ho 論凱撒的作品《食通天》說那是「一個實踐文化體驗的世界，名叫『香港』」。[56]她又指出「他的觀察，就如最好的詩，創造了自己的世界」。[57]而對於白潔蓮的詩集《立此存照》，大衛・麥克基特（David McKirdy）則寫道：「（白潔蓮寫的）香港既是大家認識的香港，亦是詩人眼中的香港，情況就如伊塔洛・卡爾維諾（Italo Calvino）的書《城市》（*The City*）捕捉了作者腦海中的香港；是我們一起分享物理空間的都市，相對於無數我們經歷、認知的其他城市。」[58]

第三，亦是最後一點，探討層面超越香港地域、文化特點的作品，也能夠──雖然起初吊詭地──讓我們更好欣賞、明白香港。凱撒談到加拿大的詩歌藝術，當中的論點也能套用在香港的情況，他在題爲《薩克斯其萬省靈木市男性詩歌欣賞會週會的布魯斯、艾爾、格斯》（*Bruce, Al, and Gus at the Spiritwood Saskatchewan Male Poetry Appreciation Club Weekly Meeting*，第 110 至 111 頁）的詩中，描寫了一場對話情景，當中美國詩人艾蜜莉・狄金生（Emily Dickinson）的作品被否定，因爲有人認爲詩歌是「男人的玩意」（第 110 頁）。接着，一位加拿大男詩人的作品被捧成楷模，但其題材未必令人滿意：

「好　大家聽着　今晚的重頭戲
是艾利・伯尼的一首詩：

我來到冰後隙　一個冰冷刺骨的深淵
走過太陽溶化了的雪橋
躲在洞裡
冰原處　雖驚慌　卻極想肯定其位置
冰上……

什麼？　格斯　好了
停一下　拜託！
我一直說
加拿大詩人
不是談冰
就是談雪
你們想想是不是？
已退休的勞倫斯・佛林格堤
紅白藍最有價值隊長
坐在舊金山書店裡

咬着黃色 HB 鉛筆頭
寫加拿大的冰　也寫加拿大的雪……」
© 2004 添姆・凱撒

其原文如下：

"Alright, now listen up you know-it-alls to this here highlight reel
Of a poem by Early Birney [i.e. Earle Birney]:

> When I come to the grave-cold maw of the bergschrund... reeling
> Over the sun-cankered snowbridge, shying the caves
> In the névé . . . the fear, and the need to make sure it was there
> On the ice . . .

Whoa, Gus, whoooooa.
Just hang on one lousy goddam minute.
That's the whole thing I been telling you guys all along
There are just two things wrong with Canadian poets:
First — Snow
Second — Ice
I mean, just think about it.
Ya think ole Lawrence Ferlinghetti, jersey retired,
MVP captain of the Red, White and Blue
Sittin' in his San Francisco bookshop
Chewin' the butt of a yellow HB
Gives a bergoschrund about Canadian Snow and Canadian Ice...."
© Tim Kaiser, 2004

就如凱撒在這裡帶出的，詩歌有着本土主題，或者內容跟本土有關，會讓當地人感興趣閱讀，但這並不能引起國際注視，讓外地人關心當地事情。而且，有着本土主題的詩歌，很可能導致外地讀者失去閱讀的興趣，就連其他主題的詩歌都不欣賞。

或者，要取得國際社會尊重，或在不同社群中鼎立，詩歌便應該有所進步，不再特意指向本土社群，從而使其昇華為文學，不是某地的文學，亦不是某時期的文學。

事實上，五本詩集部份詩歌做到這一點：主題圍繞老生常談的人類、家庭關係、愛情、死亡等問題，還有近年來較為受人關注的環境保護、受爭議的名人私隱權等主題。凱撒便寫過這類題目的詩歌，白潔蓮、珍岱兒、馬路遙各寫過一些，而曼麗・娜大部份作品都屬於這類。

或許有些人不以爲然。有些頒獎機構、本地評論人、專家或會認爲，我們應該支持指向本土社群的詩作，或者甚至勉強看到受香港影響的詩作。林玉玲（Shirley Lim）便有這種看法，她在評論彼德・士藤貝勒（Peter Stambler）的《遠道來登岸》（*Coming Ashore Far From Home*）[59]時便暗示，自己不同意香港藝術發展局撥款支持士藤貝勒詩選的出版。──據我所看，詩集完全沒有提及香港（除了在出版商地址、「香港浸會大學英文系教授兼人文學課程主任」這個作者簡介以外），但詩集亦沒有停留在歐美文化層面上[60]──我最初在香港的日子，也有類似林氏的看法。我在之前說過的香港英語文學作品匯編的簡介裡，雖然現在看起來有點奇怪，但我如是說過：「香港的特色之一，是很多人都不接受自己在香港居住的事實。例如，我們可考量一下艾文・布朗頓教授（Edmund Blunden）在香港大學英文系時期的作品。他大部份作品與英國有關──甚至日本有關──而多於跟香港有關」。[61]我在考慮什麼是「香港的英語文學作品」時，提出了這一點。布朗頓的作品集《香港家族》（*A Hong Kong House*）非常有名，Louise Ho 在今天把它形容爲「經典真作」（canon）的一部份。[62]

較早前提到「我們寧可包容一點」（inclusiveness not exclusiveness），我把這句話套在另一個問題也相當適合。我們計畫活動，讓本地文壇發展「創出新天地」時，活動必需既能迎合本地要求，亦能照顧環球需要。這論點得到 Louise Ho 支持，她在由米高・安甘（Mike Ingham）和許素細（Xu Xi）合編的《城市之聲》（*City Voices*，香港大學出版社，2003）中，寫了一篇非常權威的簡介，文章起首報道了一九九九年在英國劍橋大學唐寧學院（Downing College）的一個文學研討會，列席的薩爾曼・魯西迪（Salman Rushdie）「大量討論世界主義」，是位「受人敬仰的威爾斯詩人……聲言『本地』對壘『全球』

正是他的據地」。[63] 至於香港的文學界方面，五位詩人的作品出版，使得香港文壇添上新氣，改造香港原有的文壇風貌（事實上五位詩人中有三位之前已經出版過一些作品），成爲文壇的明燈，在本地和國際文學道路上提供指引。

最後一點，對我來說，作家、編輯、出版商一定要時刻記着，我們一定要把作品好好向讀者傳達說明。如果我們要讀者接受某些作品是香港詩作，作品便得義無反顧，展現香港詩作的姿態。《立此存照》的立場便很明確了，它是一本爲了紀錄香港的詩集，大部份詩歌都跟香港息息相關。凱撒的《食通天》雖有些詩寫加拿大，但關於香港的詩，都放在書的前半部份，讓讀者在閱讀有關加拿大的詩時，間接找到形成作者香港身份的感覺，所以詩集跟「香港的聲音」絕對有關。彼德・士藤貝勒的詩集主題《遠道來登岸》可能會引起很多人的共鳴，不論是否華人，很多移居香港落地生根的人，都會身同感受。但評論員林玉玲卻認爲作品與傳達得不足夠[64]，與讀者的連繫不足，應該要多一點詩人在香港旅居遇到的所思所感才是。以後的詩人、編輯、出版社應該好好記着這一堂課；同時不要在過程中損失香港作品國際和環球的一個方面。

何家超的玻璃纖維雕塑《星期天下午》，二零零六年，香港藝術中心門外。

參考書目

曾討論過的詩集

Martin Alexander, *Clearing Ground*, Hong Kong, Chameleon Press, 2004.

Gillian Bickley, *For the Record and other Poems of Hong Kong*, Hong Kong, Proverse Hong Kong, 2003.

Kavita Jindal, *raincheck renewed*, Hong Kong, Chameleon Press, 2004.

Timothy Kaiser, *Food Court*, Hong Kong, Chameleon Press, 2004.

Mani Rao, *echolocation*, Hong Kong, Chameleon Press, 2003.

評論、歷史、新聞、個人溝通

Gillian Bickley [see also Gillian Workman], "Literary Odyssey in Hong Kong: a Personal Narrative", Talk given to the English Society of the University of Hong Kong, 19 April 2002, *For the Record* (*q.v.*), pp. 107-114.

The Economist, "For crying out loud", 27 March 2004, pp. 81-82.

Nick Gentle, "Performance poetry steps into the literary limelight", *South China Morning Post*, 9 March 2004, C3.

Elaine Yee Lin Ho, "Foreword", in, Timothy Kaiser, *Food Court*, Hong Kong, Chameleon Press, 2004, pp. 11-14.

Louise Ho, "Foreword", in, Xu Xi and Michael Ingham, eds, *City Voices: Hong Kong Writing in English 1945 to the Present*, Hong Kong, Hong Kong University Press, 2003, pp. xiii-xiv.

Mike Ingham, "Writing on the Margin: Hong Kong English Poetry, Fiction and Creative Non-Fiction", in *City Voices*, *op. cit.*, pp. 1-15.

Douglas Kerr, "Afterword", in, Martin Alexander, *Clearing Ground*, Hong Kong, Chameleon Press, 2004, pp. 105-110.

Shirley Lim, "Coming ashore for a wander" [Review of Peter Stambler, *Coming Ashore Far From Home*, Hong Kong, Asia 2000, 2000], *South China Morning Post*, 4 February 2000.

Dino Mahoney, "The OutLoud Story", *Outloud*, Hong Kong, XtraLoud Press, 2002, pp. 1-8.

David McKirdy, "Personal and Universal" [review of Gillian Bickley, *For the Record and other Poems of Hong Kong*], in, *The Asian Review of Books*, 2003.

Rosie Milne, "under cover", "The Review", *Sunday Post*, 14 March 2004, p. 9.

Matthew Steele, email message to each of the five "Scorchers", 11 March 2004.

Clare Tyrrell, "Stanza and deliver", *South China Morning Post*, 8 March 2004, C5.

Gillian Workman [now Gillian Bickley], "Bibliography of Hong Kong English Language Creative Writing", in, *Asia/Pacific Literatures in English*, edited by Robert E. McDowell and Judith H. McDowell, Washington, DC, Three Continents Press, 1978, pp. 85-115.

Xu Xi, "From and of the City of Hong Kong", in *City Voices*, *op. cit.*, pp. 17-26.

網上參考資料

Scottish Civic Trust on behalf of Historic Scotland, "Buildings at Risk Register for Scotland", http://www.buildingsatrisk.org.uk

Wikimedia Foundation, Inc., *Wikipedia*, http//www.en.wikipedia.org/wiki/Moroni (Mormonism)

詩集及《五位詩人創出文學新天地》之附註

[1] 波耳（Richard Boyle）是勃靈頓第三代公爵，英國著名建築師。他設計的私人庭園馳斯維克舊屋（Chiswick House），於 1729 年建成。庭園原不作住宅用，但仍被譽爲「家居建築的傑作」。波耳的建築風格受鍾斯（Inigo Jones）影響，前者在在肯特（William Kent）及布治文（Charles Bridgeman）的輔助之下，完成了庭園的設計。鍾斯（1573–1652）亦是著名建築師，爲英國引進了柏萊第風格（Palladian Style）。

[2] 「愉景灣」位於大嶼山，距離一九九八年啓用的赤鱲角新機場位不遠，故此吸引了不少航空業僱員入住。

[3] 「欣澳」本名爲「陰澳」。地鐵廸士尼線以此爲起點，連接樂園，並將地方改名，取其歡欣之意，配合主題公園理念。

[4] 「八達通」是流通於香港的電子貨幣系統，能用於搭乘多種公共交通工具，包括地下鐵路。

[5] 本詩乃作者看觀覽一天使像後，以聖公會教徒角度寫成。後來她發現此天使乃摩門之子摩羅乃（Moroni）。摩羅乃是耶穌基督後期聖徒教會（即摩門教）的其中一個象徵，很多摩門聖殿均有其雕像。

[6] 請參照附註 5

[7] 請參考本詩集第四十四首詩歌《寂寞》。

[8] 泰國人 Boonreung Buachan 曾一連七天在玻璃箱內與蛇共處，一九九八年列入《健力士世界紀錄大全》，成爲與蛇共處時間最長的紀錄保持者。一天他如常表演時，被大蟒蛇咬至傷重死亡，在三十四歲英年早逝。二零零四年三月廿二日路透社報道，他被蛇咬傷後身體抽搐，可惜在場人士以爲他只是癲癇症發作，沒有將他立即送院治理，結果延醫不治。

[9] 朗梅鎭（Lonmay）位於蘇格蘭東北部亞伯丁郡（Aberdeenshire）。卡里斯堡（Cairness House），爲郊區宅第，建於 1791-1797 年，曾於 1990 年間易手翻新，原建築師爲占士・普萊費爾（James Playfair，1755-1794 年）。

[10] 詩歌英文原題爲《Modern Fates, here confused with the Furies of Ancient Greece》，原作者在詩集英文原版中表示，她一直誤把希臘經典神話《命運三女神》與另一神話《復仇女神三姊妹》混淆，故以此爲題寫詩。

[11] 詩歌靈感來自 Rita Lee Po Yu，2003/04 年度 Discursive Prose (ENG 1170) 課程學生，她在有關 Laurie Lee《Cider with Rosie》的功課中，

寫道「我們依戀過去，因為我們從那裡來。隨着我們長大，我們的記憶越變得豐富，人也越來越捨不得改變」。

[12] 原文「mump」（乞討、咀嚼、說話含糊）一字，作者從文法學校英國文學老師學來，1592 年在湯瑪斯・納許（Thomas Nash）的《Pierce Penilesse, His Supplication to the Devil》中得到了新意義——「不再咀嚼麵包硬皮了」（and never mumped crust more）。

[13] 有關埃涅阿斯的陰間之旅，請參考維吉爾（Virgil 又稱 Publius Vergilius Maro，公元前 70 至 19 年）出版的《埃涅阿斯紀》卷六（《Æneid》Book VI）

[14] 廣東話，香港街頭叫賣，意思是「買新鮮芒果嘍——荔枝啊、蘋果啊嘍——」

[15] 廣東話，意思是「新的繩子——來嘍——想吊頸的來吊頸嘍——」

[16] 請參照附註 17

[17] 艾略特（George Eliot）小說《米爾德馬契》（*Middlemarch*）中，有一個女英雌，名叫桃洛蒂・布萊克（Dorothea Brooke）。其身兼學者和神職人員的丈夫，在創作《神話解讀》（*The Key to All Mythologies*）期間對她說，如果自己不幸離世，未能完成作品的話，桃洛蒂務必要把其心願達成。桃洛蒂說自己需要一點時間考慮，於是到花園走走，想了一會，她決定同意；但當她回到屋內，想告訴丈夫自己的決定時，發現丈夫已經離世。那時候，她卻認為既然自己還未許下承諾，便沒有道義責任要完成丈夫的遺願了。評論員認為，這是作者的把戲，來維持桃洛蒂嚴肅、理想主義者的形象，而不用讓她承受決定帶來的痛苦。對比之下，珍妮・班達妮（Jane Bhandari）在丈夫沒有要求下，卻主動翻看一遍丈夫收藏的幻燈片。當中一些顏色已褪去，她嘗試修復，又嘗試辨認幻燈片中人物，然後分類羅列；最重要的是，她嘗試理解丈夫的原意是什麼、探究丈夫會怎樣利用這些珍藏。

[18] 繆思克（Muzak）是一種電子合成音樂的專用名詞，通常會在酒店、餐廳等等的公共場所播放，作為背景音樂。

[19] Délifrance 為國際連鎖集團，以售賣法式餐飲、麵包餅食為主，在香港多處設有分店，頗受本地年輕人、居港外籍人士歡迎。

[20] 英格蘭前拉斐爾時期畫家漢特（William Holman Hunt，1827－1910）的作品《世界之光》（*The Light of the World*），描繪耶穌正在叩門。那是一道深色大門，被野草圍着，看來很久沒有人用過，而且無法從外面開啓。畫中描繪的正正是《啓示錄》第三章的情節：「看哪、我站在門外叩門・若有聽見我聲音就開門的、我要進到他那

裏去、我與他、他與我一同坐席。」這樣的一道門，長久沒有開啓過、野草叢生，象徵着人類心靈的無知、對耶穌基督教誨的不爲所動。提燈的光，則一方面代表着良知，另一方面象徵着救贖。朋友以爲漢特忘了畫上門柄，漢特卻回應：「門柄在內。」英國詩人喬治・何伯特（George Herbert，1593－1633）是位虔誠基督教徒，他也在詩歌《愛情（三）》（*Love (III)*）之中，把人類心靈與耶穌基督看成是賓主關係。

[21] 參看路易斯・卡洛（Lewis Carroll）亦即 Charles Lutwidge Dodgson（1832-1898）在 1872 年發表的作品《愛麗絲鏡中奇遇》（*Through the Looking Glass*）第二章。

[22] 請參考本詩集第十七首詩歌《盲目》。

[23] 紐約出生的瑪莉亞卡拉絲（Maria Callas，1923–1977）是著名歌劇演唱家，在一齣紀錄片訪問中，訴說了她一生的風風雨雨。

[24] 香港艇戶居民習慣要男孩配載手鐲，以便當他們掉到水裏，也能借手鐲將他們鉤穩，令他們可以易於被救起。女孩則不會配戴這種手鐲。

[25] 虎門：珠江河河口一個城鎮名字，清朝末年曾在此發生林則徐銷鴉片事件。

[26] 非洲優魯巴族（Yoruba）族人的戰神，集冶鐵、生命、戰爭、創造和死亡於一身的主宰之神。

[27] 這例子由作者丈夫白敬理（Verner Bickley）提供。

[28] 「啊！原因是不需要的；最卑賤的乞丐，
也有不值錢的身外物：
如果除天然所需以外不許有其他，
人的生命就如畜牲般低賤。夫人呀；
如果你只是想要保暖，
穿著這華麗的衣服根本不是你的天然所需，
因爲它們幾乎不能保暖。」
（莎士比亞《李爾王》第二章第 274 至 280 頁）

[29] 在 1925 年非常流行的音樂劇，其中包括歌曲「鴛鴦茶」及「我想快樂」。

[30] 英文原題爲《Loss *or* Never More》，詩歌靈感來自愛倫坡（Edgar Allen Poe）的《烏鴉》(*The Raven*)。

[31] 爲英國倫敦最重要的國際機場。

[32] 一英鎊金幣在英文俗稱「sovereign」，亦有主權宗主國的意思。

[33] 所有討論中的詩歌，會在括號中說明頁數，以供參考
[34] 特此鳴謝研討會與會者的意見
[35] Clare Tyrrell 二零零四年三月八日在《南華早報》撰寫，題爲《Stanza and deliver》
[36] Rosie Milne 二零零四年三月十四日在《星期日早報》撰寫，題爲《under cover》
[37] Nick Gentle 二零零四年三月九日在《南華早報》撰寫，題爲《Performance poetry steps into the literary limelight》
[38] Matthew Steele 發給五位詩人的電子郵件，於二零零四年三月十一日撰寫
[39] 《南華早報》二零零四年四月廿四日《The Planner》
[40] 《南華早報》二零零四年三月八日
[41] 參看由 Gillian Workman 撰寫的《Hong Kong Bibliography》。文章收錄在 *Asia/Pacific Literatures in English*, edited by Robert E. McDowell and Judith H. Mc Dowell, Washington, DC, Three Continents Press, 1978, pp. 85-115.
[42] 參看 Gillian Workman 撰寫的《Ibid》，第 88 至 89 頁。
[43] 參看馬志豪（Dino Mahoney）的《The OutLoud story》。文章收錄在 *Outloud*, Hong Kong, ExtraLoud Press, 2002, pp.1-8, p. 2.
[44] 在一九八零年代香港大學的研討會「Asian Voices in English」中，Mimi Chan 接受把居住了在香港二十七年的 Frederick Stewart（1862-1889）看成是「用英語發出的亞洲之聲」。
[45] Clare Tyrrell 二零零四年三月八日在《南華早報》撰寫，題爲《Stanza and deliver》
[46] 參看馬志豪（Dino Mahoney）, *op. cit.*, p. 3
[47] 原文爲 "Loi Lam's Restaurant"（藍潤來先生開設的酒家）
[48] 現作者要強調的地點
[49] 鞏利爲中國著名電影演員，曾主演《大紅燈籠高高掛》
[50] 彭定康（Chris Patten）是英國派駐香港的最後一任總督
[51] 在同名詩歌中，「古舟子」強迫一名婚禮賓客聆聽他的故事，聽聽他如何意外殺死信天翁，隨後如何被懲罰，又如何被原諒。不過，要被原諒，他便得不斷向人訴說這個故事，沒完沒了。
[52] Rosanna Wong 爲香港學校音樂及朗誦協會主席。參考《立此存照》第 5 頁《序言》
[53] *Ibid*, [p. 6].

[54] Louise Ho, "Forward", in, Xu Xi and Michael Ingham, eds, *City Voices: Hong Kong Writing in English 1945 to the Present*, Hong Kong, Hong Kong University Press, 2003, pp. xiii-xiv, p. xiii.
[55] Clare Tyrrell, *op. cit.*, cc. 1-2.
[56] Elaine Ho, "Foreword", in, Timothy Kaiser, *Food Court*, Hong Kong, Chameleon Press, 2004, pp. 11-14, p. 11.
[57] Elaine Ho, *Ibid*, p. 14.
[58] David McKirdy, review of Gillian Bickley, *For the Record*, in, *The Asian Review of Books*.
[59] Shirley Lim, "Coming ashore for a Wander" [Review of Peter Stambler, *Coming Ashore Far From Home*], *South China Morning Post*, 4 February 2000.
[60] Peter Stambler, *Coming Ashore Far From Home*, Hong Kong, Asia 2000, 2000.
[61] Gillian Workman, *op. cit.*, p. 88.
[62] Louise Ho, "Foreword", *op. cit.*, p. xiv.
[63] Louise Ho, *Ibid*, p. xiii.
[64] 林玉玲（Shirley Lim）以聰明、全面、有趣的方法，來評論現代詩歌、詩體，吊詭地，她有如此意見，可能受到 Stambler 影響。Stambler 的書中有一些詩歌，都依照唐朝寒山詩歌來寫，甚至是寒山詩歌的翻譯。

唱片附註

唱片只隨英文版附送，中文版讀者就只有一種方法閱讀每首詩作了。如重新錄音，重音與用字一定有所更改。

英語原文與唱片錄音有些許出入。詩作《街景：遞上手套》的英文題目由《Hand in Glove》改爲《Handling Gloves》；《交通相對論》中「props」一字改爲「trunks」；《算命》中「points」換成「point」；《專業自信／以管窺天》中加入「or」，刪去「and」，並把「that」改成「which」。而開始翻譯中文版前，《「留給記憶吧」》裡的「softly」一字已改成「gently」。

大廈、海港、帆船

作者簡介

白潔蓮（Gillian Bickley）生於英國，一九七零年起泰半時間在香港度過，著作包括《For the Record and other Poems of Hong Kong》（由周兆祥博士翻譯成中文《立此存照》）、《Sightings: a collection of poetry》、《The Golden Needle: The Biography of Frederick Stewart (1836-1889)》、《The Stewarts of Bourtreebush》。她也是《Hong Kong Invaded! A '97 Nightmare, The Development of Education in Hong Kong, 1841-1897》和《A Magistrate's Court in Nineteenth Century Hong Kong: Court in Time》的編輯。她的詩作於香港及菲律賓結集出版，亦於二零零七年刊載在英國聖三一學院（Trinity Guildhall）出版的網上詩集中。她任香港學校朗誦節評判多年，爲皇家英聯邦香港詩歌創作比賽評判之一。她同時在白敬理（Verner Bickley）所著一書三冊的詩集《Poems to Enjoy》中粉墨登場，擔任錄音中四人之一。她的詩作甚受師生歡迎，於比賽、藝術節、考試常見她詩作的影蹤。白潔蓮博士於香港浸會大學英文系任高級講師／副教授二十一年，亦曾於尼日利亞首都拉哥斯、紐西蘭南部奧克蘭、香港大學任教，現時爲香港大學亞洲研究中心榮譽研究員。

關於《搬・家》的書評

「多采多姿的人生、個人對生命的回應，正是白潔蓮的核心興趣。」──英國榮譽教授 I. F. 卡克（I. F. Clarke）和瑪格麗特・卡克（Margaret Clarke）

「這些個人詩歌反映着人類世界的客觀現實，那一份親密關係，頓時讓讀者一方面成爲入侵者，進佔作者的內心世界，另方面成爲了作者的知己密友，了解她的心裡所想。」──《星期日早報》索爾維格・邦（Solveig Bang）

「詩歌反映出白潔蓮風趣幽默、洞察力強、充滿愛心、博學多才。」──《香港周刊》（*Hong Kong Magazine*）MM

「香港在千禧之交的忠實寫照。」──《亞洲書評》（*Asian Review of Books*）何麗明（Tammy Ho）

關於《搬・家》及《立此存照》的書評

「見解深刻、新鮮，緊隨正在經歷社會政治變遷的節奏。」「是對於香港跨文化詩歌發展來說非常重要的貢獻。」──英國《The Overseas Pensioner》伊仁・華特斯潘（Ian Wotherspoon）

關於《立此存照》的書評

「發人深思，饒有趣味。」「美國簡約主義大師威廉・卡路斯・威廉斯（William Carlos Williams）也不能如此準確把握細節並美化它。」「白潔蓮成功以幽默苛刻的筆觸描繪香港特色。」──《星期日早報》大衛・衛信（David Wilson）

「她熟練地揉合人類與自然世界。」──《亞洲書評》（*Asian Review of Books*）大衛・麥克基特（David McKirdy）

「同情、幽默、充滿驚喜地描繪了大部份香港人及他們的生活。」──Agnes Lam

「白潔蓮的香港是她在香港長期居留的見聞，她現在把發現記錄下來。」──安德魯・柏金（Andrew Parkin），法國

「從關於唯物主義到婚姻，僑居海外的生活至1997回歸──而不是移交──祖國，詩人明顯地存在於詩作裡。」──瑪德琳・瑪莉・史拉域（Madeleine Marie Slavick）

「傑出的短篇著作！我不忍放下這本書，它注滿白潔蓮無可媲美的風格。」──《One Couple Two Cultures》作者丹・華特博士（Dr Dan Waters）

「白潔蓮的著作有趣。她雖是僑民，但偶爾可見本地人的洞察力。」──《Hong Kong Journal of Modern Chinese History》朱益宜

「很喜歡閱讀這本書，所寫的都圍繞我城，香港。」──網站香港教育城一用戶

關於《Sightings: a collection of poetry》的書評

「白潔蓮把生活情景化成一節節的生活課堂。《Sightings》一書教曉我們停下來，細味我們的城市。」──香港藝術發展局評審員馬桂鴻

譯者簡介

曹懿德（Joan Cho）
香港大學翻譯系二年級學生。興趣是乘巴士到機場離境大堂坐一天，或去電影院買三張電影票看一天，尋找獨處卻不孤獨的空間。喜歡悉尼的城市規劃、香港的服務效率和台北的美食；畢生追求一個糅合這三個元素的人間天堂。負責翻譯本書第 44 至 61 頁。

龔凱怡（Queenie Kung）
逐夢者，香港浸會大學英國語言文學系翻譯課程畢業。嚵嘴卻又為了夢想跑到只有炸魚薯條的不毛之地，終日在劇院門內外流連露宿，數月間練得一手好廚藝和美英中混集口音。繼續逐夢。負責翻譯本書第 1 至 4 頁、第 9 頁、第 15 至 24 頁、第 96 至 103 頁、第 127 至 131 頁、第 133 至 134 頁、第 136 至 138 頁。

李文潔（Aster Lee）
香港中文大學文化研究碩士，曾任職財經公關、青訓活動策劃、立法會政策研究，現從事自由撰稿及翻譯工作。堅持生活包括讀、想、寫。負責翻譯本書第 78 至 95 頁。

伍育行（Yuk-Hang Ng）
香港大學新聞系應屆畢業生，曾於美國馬利蘭大學交換一年。中國文學乃其摯愛，然選擇修讀歐洲研究，習德語、西班牙語。或未曾讀遍萬卷書，但亦企圖走萬里路，正積極尋找可以受薪閒坐小鎮咖啡室寫文章的職業。負責翻譯本書第 27 至 43 頁。

彭美芳（Connie Pang）
香港浸會大學新聞系畢業，喜歡文字和舞台，相信詩能表達一種生活態度。負責翻譯本書第 62 至 77 頁。

葉明德 （Tony Yip）
香港浸會大學英國語言文學系翻譯課程畢業，主修傳譯，能操流利粵語、普通話、英語、德語、法語，現從事外交工作。葉氏深信學習外語能讓人學會包容體諒，將世界連成一線，減少紛爭。他亦關心環保問題、國際政治，曾參與有關的翻譯、出版工作。負責翻譯本書第5至7頁、第104至126頁、第139至140頁，以及全書整體編輯工作。

文韻出版社之其他出品

網頁：http://www.geocities.com/proversehk

以下有 * 號者，同時於香港沙田中文大學中文大學出版社有售。

*FORWARD TO BEIJING! A GUIDE TO THE SUMMER OLYMPICS
白敬理（Verner Bickley）著，2008 年出版，平裝，260 頁，附有 16 張黑白照片。港幣 152 元。ISBN 978-988-99668-3-6。「白敬理博士早在一九九零年代預料到中國將會舉辦奧運會、了解到舉辦這件盛事的重要性。過去十多年，他一直堅持着信念，最終寫成這本有趣、豐富而實用的著作，讓我們認識和準備迎接二零零八北京奧運。這部著作的價值將會一直綿延下去，讓我們了解往後的奧運會。」──香港奧林匹克學院主席、中國香港體育協會暨奧林匹克委員會終身榮譽主席沙利士 GBM 太平紳士（The Hon. Dr Arnaldo de Oliveira Sales, GBM, JP）

*PAINTING THE BORROWED HOUSE: POEMS
鳳凰（Kate Rogers）著，2008 年出版，平裝，68 頁，附有 3 張黑白照片。由香港藝術發展局資助。港幣 98 元。ISBN 978-988-99668-4-3。「作者正值她的全盛時期──自信、自知、肯冒險。」……「充滿頓悟、情感、驚喜」──《Improvising in the Dark》及《The Second Language of Birds》加拿大作家當娜・藍潔明（Donna Langevin）

2008 年 5 月即將出版
SPANKING GOALS AND TOE POKES: FOOTBALL SAYINGS EXPLAINED
湯姆・馬丁（Tommy Martin）著，平裝，103 頁，附有 16 幅施正韻（Jacinta Read）繪製的黑白插圖。ISBN 978-988-99668-2-9。「湯姆・馬丁花了長時間細心傾聽行內人的話語，記錄下他們最愛說的句子，讓大家了解這些警句、妙語」──ESPN Star Sports 足球評述員約翰・戴克斯（John Dykes）

預計於 2008 年 12 月出版
BACKPACKER WANNABES
楊至樂（Gerald Yeung）著，平裝，附有插圖。

*SIGHTINGS: A COLLECTION OF POETRY, WITH AN ESSAY, "COMMUNICATING POEMS"
附有多幅相片，白潔蓮著，2007 年出版，平裝，142 頁，隨書載有在香港浸會大學英國語言文學系教員研討會發表之講話。由香港藝術發展局資助。港幣 98 元。ISBN 978-988-99668-1-2。「白潔蓮把生活情景化成一節節的生活課堂。《Sightings》一書教曉我們停下來，細味我們的城市。」──香港藝術發展局評審員馬桂鴻

*MOVING HOUSE AND OTHER POEMS FROM HONG KONG（《搬・家》英文原版）
白潔蓮（Gillian Bickley）著，2005 年出版，平裝，130 頁，隨書載有在香港浸會大學英國語言文學系教員研討會發表之講話，另附上由作者親自朗讀詩作的唱

片。港幣 98 元。ISBN-10:962-85570-5-X；ISBN-13:978-962-85570-5-9。「多采多姿的人生、個人對生命的回應，正是白潔蓮的核心興趣。」──英國榮譽教授 I. F. 卡克（I. F. Clarke）和瑪格麗特・卡克（Margaret Clarke）「這些個人詩歌反映着人類世界的客觀現實，那一份親密關係，頓時讓讀者一方面成爲入侵者，進佔作者的內心世界，另方面成爲了作者的知己密友，了解她的心裡所想。」──《星期日早報》索爾維格・邦（Solveig Bang）

*FOR THE RECORD AND OTHER POEMS OF HONG KONG
白潔蓮著，2003年出版，平裝，118頁。結集了白潔蓮居港三十年寫的六十首詩以及在對香港大學英文學會發表的演講稿，附上由作者親自朗讀詩作的唱片。由香港藝術發展局資助。港幣75元。ISBN 9628557025。「發人深思，饒有趣味。」──《星期日早報》大衛・衛信（David Wilson）

POEMS TO ENJOY （附所有詩作錄音）
白敬理（Verner Bickley）編及結集，香港教育圖書公司出版，平裝。詩集一書三冊按等級而分，由幼兒至成人程度，附筆記。

*A MAGISTRATE'S COURT IN NINETEENTH CENTURY HONG KONG: COURT IN TIME
關於法學榮譽博士史釗域（Frederick Stewart）刊於《德臣西報》（The China Mail）的訴訟。史釗域博士被視爲「香港政府教育之父」，曾主管香港常任公務員，並於十九世紀出任香港巡理府。書籍由白潔蓮（Gillian Bickley）編，鄧立泰（Garry Tallentire）、杰弗裡・羅珀（Geoffrey Roper）、孔文添（Timothy Hamlett）、郭嘉倫（Christopher Coghlan）、白敬理（Verner Bickley）撰文，楊鐵樑爵士作序。當代評論及有關背景論文，附選輯記錄。2005年出版，平裝，531頁。港幣195元。ISBN 962-85570-4-1。包括參考書目、索引、筆記及五十六張黑白存檔圖解（照片、圖畫、傳真）。「撰稿人無不以洞見及同情寫下此書……最藉得看的書。」──楊鐵樑爵士；「詳盡的引言是既巧妙又公正的概括論述。」──《台北時報》（*Taipei Times*）白德利・溫特頓（Bradley Winterton）

*THE GOLDEN NEEDLE: THE BIOGRAPHY OF FREDERICK STEWART (1836-1889)
1997年出版，平裝，308頁。包括參考書目、索引。港幣138元。「香港政府教育之父」、皇仁書院（前身中央書院）首位校長史釗域（Frederick Stewart）的傳記，附存檔照片。ISBN 9628027085。「史釗域一生在白潔蓮博士筆下顯得精彩絕倫、感入至深，值得一讀。」──Lady Saltoun；「我們需要更多同類型研究方可完全理解殖民統治的複雜性……我非常喜歡這本書……」──《Int. J. of Lifelong Education》西澳大學克萊夫・維赫（Clive Whitehead）；「白潔蓮以無比堅定欽佩與生動感人的筆觸寫下這故事。」──《蘇格蘭人》（*The Scotsman*）德格斯・赫特（Douglas Hurd）

*THE GOLDEN NEEDLE: THE BIOGRAPHY OF FREDERICK STEWART (1836-1889)
<u>14唱片全錄音版本</u>，由白敬理（Verner Bickley）朗讀。港幣1,680元。ISRC

HK-D94-00-00001-40。如有需要可免費（須付郵費）提供老師／學生小冊子：僅附全錄音版本。

SEARCHING FOR FREDERICK AND ADVENTURES ALONG THE WAY
2001年香港出版，平裝，420頁。包括參考書目、索引。港幣195元。《The Golden Needle》（香港政府教育之父傳記）一書的故事，附存檔及現代照片。香港藝術發展局資助。ISBN 962873203。「白敬理（Verner Bickley）筆下寫來漫不經心輕鬆幽默。」──英國駐港總領事何進爵士（Sir James Hodge）

*THE DEVELOPMENT OF EDUCATION IN HONG KONG, 1841-1897: AS REVEALED BY THE EARLY EDUCATION REPORTS OF THE HONG KONG GOVERNMENT, 1848-1896
2002年香港出版，精裝，633頁。包括參考書目及索引。港幣600元。唯一結集、改正、註解、附序及出版的重要原始資料，附四位作者簡介及存檔照片。衛奕信勳爵文物信託（Council of the Lord Wilson Heritage Trust）資助。ISBN 9628557017。「研究殖民教育政策的必須資料。」摘自《The Journal of Imperial and Colonial History》──香港大學羅文・米勒（Norman Miners）

JOCKEY
平裝，64頁，港幣42元。原寫予年青讀者。經大量研究寫成，記錄沙田馬場啓用前英皇御准香港賽馬會的運作方式，提及騎師學徒制度。原著圖解。ISBN 962-8557033。

*THE STEWARTS OF BOURTREEBUSH
於2003年英國亞伯丁出版，平裝，153頁。香港政府教育之父史釗域（Frederick Stewart）對每位蘇格蘭家族成員的看法，附大量史釗域家族文件。本身亦爲撰寫家族歷史與傳記的參考資料。附存檔照片、有關香港及蘇格蘭題材的檔案傳真。ISBN 0906265347。

CULTURAL RELATIONS IN THE GLOBAL COMMUNITY: PROBLEMS AND PROSPECTS
1981年出版，精裝，255頁。港幣200元。白敬理（Verner Bickley）及菲忠沛（Puthenparampil John Philip）編。ISBN 8170171369。

文韻出版社簡介

文韻出版社（Proverse Publishing），由白潔蓮、白敬理創立。出版社獨立自主，扎根香港，放眼世界，是 2006 年成立的 IPHK（Independent Publishers of Hong Kong）的成員出版社之一。

白敬理曾在世界各地管理統籌各類文化教育中心、學系、院校、計劃；白潔蓮則剛剛退休，曾在世界四大洲的大學當英國文學教師。二人長期以來從事閱讀、研究、編輯、索引、評論、復審、出版等工作，文韻出版社正好結合了二人的學術、管理、教學經驗。

文韻現已出版多類書籍，包括：非小說類、詩集、青少年作品、學術刊物。另外，即將出版的還有體育、旅遊書籍。其他興趣包括：名人傳記、回憶錄、日誌、長篇小說、短篇小說，還有在人文、社會科學、文化研究、語言學、教育等多個領域的學術著作。

部份出品隨書附有原文錄音。

文韻既有以英文爲母語的作者，亦有並非以英文爲母語的作者。

文韻歡迎各位投稿。如果您有故事要述說、有人要紀念、有遺漏要補償、有經歷要更正、有興趣與大家分享、有資訊或看法與人交流、有技巧要傳授，歡迎以流暢秀麗的文字撰稿，爲社會貢獻。

文韻獎簡介

文韻獎（The Proverse Prize）於二零零八年一月成立，旨在讓作家圓夢，發表未經出版的英語非小說、小說、詩集。

申請條款摘要（只供參考，條款或有變動）

獎金款額將不少於港幣一萬元及不多於港幣一萬五千元。申請費用爲四百八十港元或五十英鎊。視乎遞交作品的質素，大會可決定將文韻獎同時頒贈予多於一名申請人士，共同分享獎金；大會亦有權保留獎金，不頒贈予任何申請人士。

申請人須於遞交申請該年的一月一日年滿十八歲，國籍、居住地不限。

每份遞交作品必須爲申請人親自以英語撰寫而未經發表的非小說、小說或詩集。大會並不接納兒童讀物、教科書，有關書籍將作不合資格論。

翻譯作品：如遞交的作品爲英文翻譯本，有關原文及翻譯本均須未經發表。

作品長度應爲有關文類的慣常長度。一般建議，小說的長度在八萬至十一萬字之間；詩集在八千至三萬字之間。

編輯服務：如有需要，作者可在呈交作品前，僱用編輯服務。有關服務的性質及範圍必須清楚列明於文韻獎申請表上。

第一屆文韻獎的重要日期（尚待確認，一切以網站公佈爲準）

遞交申請費用及申請表格的截止日期	二零零九年五月三十日
遞交評審作品的截止日期	二零零九年六月三十日
結果公佈日期	二零零九年九月至十月
獎項頒發日期	二零零九年十二月至二零一零年四月

如欲下載申請表格或獲取最新、最準確的詳情，請瀏覽文韻出版社網站：http://www.geocities.com/proversehk

您亦可連同貼上郵票的回郵信封，郵寄至文韻出版社，索取有關資料以及申請表格，信封面請註明：「The Proverse Prize, Proverse Hong Kong, P.O. Box 259, Tung Chung Post Office, Tung Chung, Lantau, NT, Hong Kong, SAR, China」